Eliana Pigatto

100% VOCÊ

Copyright© 2024 by Literare Books International
Todos os direitos desta edição são reservados à Literare Books International.

Presidente:
Mauricio Sita

Vice-presidente:
Alessandra Ksenhuck

Chief Product Officer:
Julyana Rosa

Diretora de projetos:
Gleide Santos

Capa:
Lucas Yamauchi

Projeto gráfico e diagramação:
Gabriel Uchima

Editor júnior:
Luis Gustavo da Silva Barboza

Revisão:
Ivani Rezende

Chief Sales Officer:
Claudia Pires

Impressão:
Gráfica Paym

Dados Internacionais de Catalogação na Publicação (CIP)
(eDOC BRASIL, Belo Horizonte/MG)

P628c Pigatto, Eliana.
　　　　100% você / Eliana Pigatto. – São Paulo, SP: Literare Books International, 2024.
　　　　14 x 21 cm

　　　　Inclui bibliografia
　　　　ISBN 978-65-5922-769-3

　　　　1. Autoconhecimento. 2. Superação. 3. Técnicas de autoajuda. I. Título.

　　　　　　　　　　　　　　　　　　　　　　　　　CDD 158.1

Elaborado por Maurício Amormino Júnior – CRB6/2422

Literare Books International.
Alameda dos Guatás, 102 – Saúde– São Paulo, SP.
CEP 04053-040
Fone: +55 (0**11) 2659-0968
site: www.literarebooks.com.br
e-mail: literare@literarebooks.com.br

Todo mundo tem uma ferida emocional que precisa ser olhada e cuidada. Não passe a sua vida fugindo da dor, mergulhando de ilusão em ilusão para não enfrentar o que está escondido. Ao ter a paciência de encarar todo o desconforto que a dor causa, seu coração será restaurado e a sua mente renovada.

(DANNY MORAES)

PREFÁCIO

Cada um de nós tem o poder infinito de mudar, nem que seja por instantes, a vida de alguém. Seja com um olhar, atitudes ou com palavras.

Foi isso que aconteceu no dia 08 de abril de 2023. Era para ser apenas um evento normal, mas para a Eliana não.

Eliana achava que não estava pronta para tirar um sonho do papel. Lancei o desafio para ela escrever seu livro, em cima do palco, e ela agarrou sem pensar duas vezes.

Quando os ouvidos estão prontos, a mensagem aparece. Ela estava pronta, só precisava da confirmação.

É com felicidade genuína que escrevo este prefácio, fruto de uma provocação e que mostrou tanto sobre a Eliana.

Este livro é a prova.

Nele, uma mulher mostra que é mais forte do que imaginava. Matou a cobra e mostrou a cobra morta.

Ela quer ajudar você a perdoar, começando por seus pais, e a caminhar com confiança, assim como ela fez.

Lendo sua história, você verá a força de uma mãe, filha e terapeuta.

Espero que, ao final, você sinta a admiração que senti pela Eliana também e que saia transformado. Este livro é sobre virar o jogo, transformar medo em ação.

Eliana, parabéns pela obra! Estou orgulhoso de você.

Leitor, lembre-se: a dor é a fraqueza indo embora.

Boa leitura!

Joel Jota

APRESENTAÇÃO

Quem nunca ouviu falar de Joel Jota? Atleta profissional de natação por quase 20 anos! Durante a sua carreira como atleta, conquistou mais de 30 medalhas e alcançou o título de um dos melhores nadadores do mundo. Além disso, o ex-nadador da seleção brasileira foi treinador de atletas de alta performance, até mesmo de campeões mundiais.

Acompanho Joel Jota na internet e gosto demais das suas lives sobre alta performance. Desde 2022, fiquei mentalizando que participaria de algum treinamento presencial com o ex-atleta. Até que ele lançou o Permance-C Day, em Alphaville; não pensei duas vezes e comprei o Platinum. Queria estar frente a frente com ele.

Estava em Jarinu com a minha amiga, Franly, e seu filho, Rodrigo, gravando meu curso de Ho'oponopono. Na noite que antecedia o evento do Joel Jota, não dormi quase nada e pensei até em não ir, mas uma voz me dizia que eu precisava estar lá com ele.

Na chegada ao evento, descobri que meu crachá não estava pronto. Precisei esperar uns 10 minutos, e aquilo me chateou, porque eu queria sentar bem na frente do Joel. Mas o universo prepara tudo direitinho. Quando entrei no espaço, acabei sentando me na segunda fileira, pela qual Joel Jota passava sempre.

Depois de um exercício com quatro perguntas proposto por ele, percebi que não havia escrito um livro sobre a história da minha vida por medo do julgamento de outras pessoas. De alguma forma, aquele questionamento e, ao mesmo tempo, a conclusão a que cheguei me deixaram muito pensativa durante o intervalo.

Na retomada do curso, Joel Jota perguntou o que faríamos depois de nossa descoberta sobre o que nos impedia de ir além. Eu, do outro lado do imenso salão, falei: ESCREVER MEU LIVRO. Ele parou onde estava, foi até mim, olhou no fundo dos meus olhos, me convidou para subir no palco e fazer um compromisso público que, até o dia 31/05/2023, se eu escrevesse meu livro, ele prefaciaria.

Naquele momento, ao olhar para mais de 1.500 pessoas, senti as seguintes palavras de Deus em meu coração: "Trata-se disso, filha! Olhe para estas pessoas e saiba o quanto esta mensagem vai impactar a vida delas e fazer com que tomem seus pais no coração e, aí sim, vão entender o que é prosperar". Naquele momento, entendi que precisava criar coragem, perder o medo do julgamento e caminhar em direção a algo supremo, pois a mensagem transmitida era muito maior que meus medos.

No fundo, acho que sempre tive medo de olhar as minhas verdades. Mesmo trabalhadas em muitos processos, elas ainda estavam marcadas na minha vida, como uma cicatriz. Não é fácil se expor, menos ainda encarar as suas fraquezas. Porém, chega um momento que não dá para escondê-las mais.

Tudo o que o ser humano faz é para se sentir amado e aceito. E o amor nunca esteve no carro dos sonhos, em mansões, em conquistar a vaga tão esperada, em passar na faculdade, em viajar o mundo. O amor está nas experiências de vida que me permito passar, as que fazem sentido ao meu coração. No início, buscamos esse amor e aceitação dos nossos pais, pois são a nossa primeira fonte de amor e os responsáveis pela nossa sobrevivência.

ELIANA PIGATTO

Depois, buscamos amor e aceitação dos familiares e amigos, do chefe, dos colegas de trabalho e da sociedade em geral. Projetamos nossos pais nas pessoas ao nosso redor e buscamos nelas o que acreditamos que nossos pais nos deram ou não. O quanto nos sentimos merecedores está relacionado ao quanto interpretamos que recebemos de amor dos nossos pais – independentemente se eles nos deram amor ou não.

Temos uma necessidade inconsciente de sermos aceitos e queremos nos mostrar felizes, realizados e vencedores, para conquistar essa aceitação dos nossos semelhantes. Quantas pessoas você conhece que resolveram cursar uma determinada faculdade só para agradar aos pais? O desejo de aceitação interfere – o tempo todo – em nossas vidas, tanto nas pequenas decisões quanto nas mais importantes. E comigo não foi diferente!

Busquei a vida toda ser aceita, pois interpretei que não fui bem-vinda ao chegar no útero da minha mãe. E com esta interpretação, vivi fazendo tudo e de todas as formas para ser vista e aceita. O medo de passar pela rejeição aqui do lado de fora era assustador e foi o que eu tomei consciência no evento com Joel Jota, ao ser desafiada a escrever meu livro.

Eu sabia que contar sobre a minha história de vida, com o conteúdo que adicionei aqui, salvaria muitas vidas. Mas eu estava presa no medo do julgamento para não ser novamente rejeitada. E só percebi isso quando, naquela palestra, Joel Jota fez quatro perguntas que me fizeram refletir sobre as minhas respostas.

1) O que você quer?

Minha resposta: impactar o maior número de pessoas e ajudá-las a perdoarem a seus pais.

2) O que você precisa fazer?

Minha resposta: andar por este mundo, levando minha mensagem.

3) Quais são os obstáculos?

Minha resposta: medo do julgamento (nesta pergunta, comecei a chorar).

4) O que você vai fazer para superá-los?

Minha resposta: escrever meu livro e fazer o que tem que ser feito.

Não tenho o objetivo, com este livro, de idealizar um método ou um autor. O que proponho é uma reflexão sobre as nossas necessidades enquanto seres humanos imperfeitos que somos. Lutando a cada dia para melhorar e superar os desafios de um mundo cada dia mais indagador de respostas.

Sou mãe, terapeuta, filha, neta e uma mulher que decidiu enfrentar muitos desafios para estar aqui neste momento, traduzindo em palavras a minha história para que possa motivar outras pessoas a não se intimidarem diante das situações a que são expostas.

Este livro é um presente que o universo me deu para mostrar o quanto podemos ser o que quisermos, independente do que nos aconteceu ou do significado que damos ao que nos aconteceu. Como terapeuta, hoje vejo que cheguei até aqui pela busca dos meus "porquês", que me levaram aos meus "para quê".

TODOS NÓS CARREGAMOS CRENÇAS LIMITANTES, E SÃO ELAS QUE, INSTALADAS, NOS IMPEDEM DE VIVER O NOSSO PROPÓSITO.

SUMÁRIO

1. AS HERANÇAS DO MEU PASSADO 11
2. DA HERANÇA À ORIGEM 31
3. RECONHECENDO A MINHA CRIANÇA INTERIOR 45
4. CAPÍTULO ESPECIAL 61
5. POR QUE SINTO TANTA CULPA? 87
6. TRAZEMOS MUITO DE NOSSOS ANCESTRAIS 109
7. TOMAR OS PAIS NO CORAÇÃO 123
8. QUEM É A ELIANA HOJE? 145
CONCLUSÃO 150
AGRADECIMENTOS 151
REFERÊNCIAS 152

AS HERANÇAS DO MEU PASSADO

1

A HISTÓRIA DO MEU PAI

Toda história tem um início, e a minha não é diferente. Mas a questão é justamente o início, a base de toda nossa formação de vida. Para que tivesse um início, alguém teve que tomar uma DECISÃO ou fazer uma ESCOLHA. Acontece que nem sempre a escolha é a que queremos e a decisão é a melhor, porém fazem parte da nossa vida. E são elas que contarão a nossa história.

Para que você, leitor, possa entender o que estou tentando explicar, começo com a história do meu pai, José Lopes, nascido no dia 11/11/1939, em Jaboticabal/SP. Homem do interior, vindo de uma família com oito irmãos, sendo ele o terceiro filho. Seu pai, meu avô, Theodomiro Lopes, lavrador, participou da Revolução de 1932, era um homem considerado "livre" que, incessantemente, buscava melhores condições de vida para a família. E graças às andanças dele, acabou encontrando a esposa, minha avó Laura, e pôde salvá-la de um padrasto mal-intencionado. Quando ela contou ao meu avô as intenções do padrasto, ele colocou-a no seu cavalo e fugiram. Passado algum tempo, resolveram se casar. Segundo meu pai, eles se amavam.

Mesmo depois de casado, meu avô não parava em casa. Como meu pai era o mais velho dos meninos e minha avó precisava de ajuda, mesmo com ela estando preocupada, ele começou a trabalhar com cinco anos de idade; transportava pessoas em uma canoa de um lado para outro no sítio vizinho do Zé Reis, apartava bezerros e carpia a roça.

E foi por conta dessas andanças de meu avô que meu pai acabou perdendo um irmão mais novo, com apenas dois anos de idade. O menino, com uma inflamação grave na garganta, não teve socorro no tempo devido e veio a falecer. Meu pai tinha nove anos na época e conta que foi muita tristeza na família, principalmente da minha avó. Quando soube da morte do filho, meu avô se sentiu culpado. Mesmo assim, continuou com as suas andanças.

Com a ausência do meu avô, os filhos precisavam ajudar em casa. Aos 14 anos, meu pai dirigia trator transportando as madeiras que desmatavam no sítio. Graças a essa madeira, ele conseguiu construir uma casa melhor para a família.

E foi com essa mesma idade que ele perdeu o pai. Em um dos momentos que o pai voltou para casa, eles resolveram andar pelo mato para caçar. Depois de pular um tronco caído no caminho, meu avô acabou se desequilibrando e bateu o peito no chão. Aparentemente, a queda não havia sido grave, mas depois de dois dias, em uma tarde, enquanto meu pai trabalhava com o trator, desesperada, a irmã veio avisar que meu avô estava morto.

Na parte da manhã daquele mesmo dia fatídico, ele e seu pai conversaram muito. Assim que saiu com o trator, foi se sentar embaixo de uma árvore que ele mesmo plantara e ali se despediu da vida. Minha avó, Laura, estranhou o fato do chapéu estar caído no rosto do marido e foi ver o que estava acontecendo. Ela ficou inconsolável diante da perda do marido.

Como meu avô era um homem que ajudava muito a igreja local, principalmente nos leilões, a cidade parou para o seu funeral e ele recebeu até homenagem do padre da paróquia. Meu pai, sendo o terceiro filho, e homem, já que as duas primeiras eram mulheres, ficou responsável por cuidar da casa e dos irmãos mais novos.

A partir desse momento, meu pai, que trabalhava desde pequeno, começou a trabalhar mais ainda. E se fechando também para a vida. Quando completou 18 anos, foi convocado para o exército em Ponta Grossa, mas conseguiu dispensa por ser arrimo de família.

Trabalhou no sítio até seus 19 anos; depois, foi embora para Pitangueiras por conta de uma herança que a mãe da sua mãe deixou para ela. Meu pai foi buscar, assim como meu avô fazia, condições melhores para a família, trabalhou por dez meses em uma empresa nessa cidade e, como não viu futuro, disse à mãe que buscaria algo melhor em Americana, graças ao conselho de uma ex-namorada.

Em Americana, ele ficou na casa da família Scaramal, que fora vizinha da sua mãe em Pitangueiras. Trabalhou por um ano na Fibra S/A (fabricante de freio de carro), depois na General Motors e na Cobrasma, onde se aposentou.

Meu pai e minha mãe se conheceram na festa de Santo Antônio, na praça, onde era costume as mulheres andarem de um lado em círculo e os homens do lado contrário. Nessa época, ele trabalhava na Fibra. Como se apaixonaram, começaram a namorar. Seguindo o caminho do meu avô, meu pai também ficava circulando entre Americana e Campinas, cidade que minha avó morava com o restante dos filhos, depois da venda da casa em Pitangueiras.

Como meu pai gostava muito da minha mãe, eles resolveram se casar. Depois de casados, mudaram-se para Campinas e foram morar com minha avó, Laura. Moraram também em outras casas da família da minha mãe, de aluguel. Até chegarem à casa da Rua Carioba, onde eu e meu irmão nascemos.

Pelo que tenho conhecimento, meu pai não teve problemas com a família da minha mãe, apenas com o irmão mais novo dela por conta de uma partida de futebol em que meu pai era o árbitro e meu tio, jogador. Em uma falta, meu tio questionou a marcação, com uma sequência de palavrões e acabou sendo expulso. Por conta disso, o time perdeu. Só sei que até hoje eles não se falam.

Meu pai sempre foi apaixonado por futebol, por isso resolveu se especializar em árbitro e tornar isso uma carreira, além da que atuava na empresa. Na verdade, o que impulsionou mais ainda essa decisão foi um fato que aconteceu quando ainda era jogador do Comercial de Pitangueiras, em Americana. Em uma partida pelo campeonato estadual, toda vez que o ponta-esquerda do time adversário chutava a bola em direção ao gol, ele acertava meu pai, que era goleiro. No final da partida, meu pai foi reclamar com a arbitragem e o juiz o ignorou, dizendo que não daria a mão para qualquer um. Irritado, meu pai deu um soco no rosto do juiz, que caiu desmaiado. Com o alvoroço e a preocupação de ter matado o árbitro, ele saiu correndo do estádio. Em casa, pediu que meu tio fosse ao estádio para pegar a roupa que estava no vestiário e saber a notícia do juiz.

Logo depois do ocorrido, ele ingressou na PUC Campinas, em Técnica Desportiva, com especialização em Futebol de campo. Trabalhava durante o dia na empresa como supervisor de controle de qualidade e, à noite, fazia faculdade. Além do curso universitário, ele ingressou na Federação Paulista de Futebol para se especializar em arbitragem e para ser técnico de futebol de salão.

Depois que ele finalizou os cursos, começou a trabalhar como árbitro nos campeonatos nacionais no interior de São Paulo e no Paraná, nos finais de semana. Além disso, vez ou outra, ministrava palestras sobre futebol em alguma universidade ou entidade para a qual era convidado. Por isso, ele ficava muito ausente de casa, e isso deixava minha mãe muito irritada. Na verdade, acho que ele se sentia tranquilo porque sabia que ficaríamos bem por morarmos na mesma casa com meus avós. A intenção dele sempre foi dar o melhor que podia aos filhos e à minha mãe.

Quando eu tinha cinco anos, meu avô materno, antes de falecer, trocou a casa onde morávamos na Rua Carioba, com a Empresa Dahruj que queria expandir, por uma casa em um bairro nobre chamado Colina em Americana.

De certa forma, esse pedido do meu avô, sem ele imaginar, pesou muito para a minha mãe. Como ela sempre foi muito acolhedora e preocupada, inconscientemente, essa "obrigação" em cuidar mais da família de origem do que a constituída fez com que, aos poucos, o desgaste do casamento viesse naturalmente.

Quando meu pai se aposentou da empresa, continuou trabalhando como árbitro de futebol e professor das duas escolas da Federação Paulista de Futebol de campo e de salão. Nos finais de semana, apitava jogo e fazia churrasco para os amigos; alguns bons, outros nem tanto. Lembro que minha mãe não gostava muito dessas "festinhas". Me recordo do meu pai pedir para minha mãe passar uma camisa para ele ir a "reuniões". Mais tarde, ela descobriu que ele começou a frequentar bailes nos clubes do Veteranos e Flamengo, em Americana.

Eu me recordo que levei meu pai para fazer uma imersão de três dias em um treinamento chamado *Leader Training*, na cidade de Atibaia. Na volta, ele me contou que havia conhecido uma mulher e que estava envolvido com ela. Perdi completamente o rumo. De alguma forma, senti as dores da minha mãe.

Pedi a ele que procurasse minha mãe para contar, pois não achava justo ela continuar cozinhando e passando e ele vivendo com outra pessoa. Aqui fica claro o quanto tomei a frente de algo que não era meu, mas eu estava completamente no papel da minha mãe, tomando as dores dela.

Segundo minha mãe, ele simplesmente foi embora e ela ficou sem chão, pois foi a primeira pessoa da família a passar por uma separação. Depois da separação, eu e meu irmão nos afastamos do nosso pai. Senti-me traída também e tinha muito ciúme das mulheres que ele conhecia, pois, inconscientemente, ocupei o lugar de mulher dele e não de filha.

Apesar da ausência física dele, percebi que ele tem na memória os campeonatos que ganhei como Miss, inclusive o da final do Miss Brasil, que disputei no Ilha Porchat, em São Vicente, e ele estava apitando a final do Campeonato Paulista no interior. Também se lembra das vezes que levou meu irmão para jogar bola no time do Guarani, em Campinas.

Em 2011, tive um câncer (mais à frente, contarei) e meu pai ficou ausente o tempo todo que enfrentei a doença, porém senti que, de alguma forma, ele se apiedou da minha condição e rezou, do jeito dele, para a minha recuperação. Ele nunca foi muito religioso, mas acho que, no fundo, temeu a minha morte.

Agora, mais madura, em uma das conversas que tive com meu pai, ele me disse: "Trabalhei muito, não tinha tempo disponível. Fui como meu pai que nunca deixou faltar nada em casa, mas não fui presente. Sei que faltou a presença do meu pai na minha vida e eu faltei para meus filhos também".

Interessante observar a história de nossos pais e como somos influenciados por ela. Na memória emocional de meu pai, apesar da ausência do meu avô, ele gostava dele. Para o filho, faltava o carinho e a presença do pai. Essa imagem é visível até hoje na expressão dele ao relembrar fatos da infância e juventude.

A mãe dele, coitada, precisava cuidar da casa, de oito filhos praticamente sozinha, alimentar e dar educação. Não era nada fácil para ela. Meu pai, por ser o terceiro filho, moleque aventureiro, acabava apanhando muito porque não obedecia, e ela se preocupava que pudesse perdê-lo como havia perdido o outro filho.

QUANDO A HISTÓRIA SE REPETE, A EMOÇÃO AINDA NÃO FOI TRABALHADA

Quando me lembro da minha infância, a figura do meu pai está sempre presente fisicamente, mas não me recordo de momentos de pai e filha, sua ausência emocional era clara pela falta de habilidade para lidar com os filhos. Não deixava faltar nada em casa, mas sua presença nos deixou sequelas profundas.

Meu pai tinha aversão a cigarro e à bebida. Meu avô paterno chegava vez ou outra bêbado e não era nada agradável a situação, por isso dessa aversão. Por não ser muito afetuoso, a forma que julgava correta para nos educar era batendo. Assim como sua mãe e pai faziam. De certa forma, descarregava em nós todas as suas dores. Com a minha mãe, ele também era indisponível, um pouco machista e até grosseiro às vezes. Afinal, foi este o exemplo que teve na sua casa.

Esse padrão familiar, passado de geração em geração, fica

presente em nossas vidas e, enquanto não for interrompido, continuará a persistir. Isso vale para as marcas boas ou as não tão boas. No meu caso, sofri pela ausência emocional do meu pai, pela falta de carinho, amor e atenção, mas herdei dele a facilidade de trabalhar com qualquer coisa, de buscar sempre o melhor para dar a minha família.

Eu também fiz faculdade e aprendi a gostar de esporte por causa dele. Hoje, ele está com quase 84 anos, caminha muito ainda, é um homem lúcido, ama contar suas conquistas, mas continua com dificuldade de expressar seus sentimentos. Mesmo assim, tenho uma carta que me escreveu há alguns anos. Acho que foi o máximo que conseguiu na expressão de seus sentimentos.

"Talvez eu não tivesse tido TEMPO para dizer o quanto a amo, talvez agora, na reta final, eu tive esse tempo, porque você e Deus me deram esse tempo. A partir de hoje, em todos os momentos de sua vida, lembre-se EU TE AMO muito. Eu gostaria de te abraçar todos os minutos para compensar esses anos que passou. E eu não te abracei e te beijei, pois esse é o meu desejo a partir de agora, te amo muito, você e minhas netas. (J.L.)".

Sei que não foi fácil para ele escrever tudo isso, mas foi um presente que Deus me deu de ouvir em vida do meu pai: EU TE AMO.

Hoje, temos uma relação muito boa, consigo ser filha do meu pai, consigo abraçá-lo, beijá-lo e dizer que o amo. Restaurei esta relação em 2015, quando tomei a decisão de devolver a história da minha mãe a ela e viver como filha deles, me posicionando no lugar certo no meu sistema familiar.

Estou em paz com tudo isso, feliz por resgatar esta relação. Graças a Deus!

A HISTÓRIA DE MINHA MÃE

Qualquer história para ser bem elaborada precisa ter vários pontos de vista. Afinal, são muitos personagens que se encontram e se desencontram para criar a trama. Na minha história, agora é a vez da minha mãe, Nelly Pigatto, contar a versão dela. E, assim, vamos juntando as partes que compõem um todo: quem eu sou.

Minha mãe é a 13ª filha de 14, nascida em 13/01/1944, na cidade de Americana. Hoje, com 79 anos, não se lembra de muita coisa (ou melhor, sinto uma resistência de lembrar). A tudo ela dá um significado para não se emocionar.

O que ela se recorda da sua infância são as bonecas de pano e as panelinhas feitas de latas de massa de tomate. Conta também que, antigamente, não se falava da gravidez, era tudo muito discreto e, quando eles ficavam sabendo que um "irmão tinha chegado", era porque minha avó dizia para eles "irem lá ver". Ou seja, tinha mais um bebê deitado na cama.

Ela se lembra de ir à escola descalça, porque não tinha sapato. Nunca faltou nada em casa para comer, mas era sempre o mínimo. Afinal, eram 14 filhos. O que ela mais tinha medo era dos irmãos brigarem, pois meu avô era muito severo. Quando ela presenciava alguma briga começar, já temia o meu avô chegar. Os filhos dormiam em camas de casal, cada dois filhos em uma cama, ela dormia com a minha tia, Diva.

Como era a filha mais nova, minha avó pedia para ela ajudar a cuidar dos filhos das irmãs e, por vezes, ajudar a vizinha com os filhos. Com nove anos, ela entregava marmita. Saía da escola, passava para pegar a marmita e levava para uma moça que morava com os pais e pagava para minha avó pelo serviço que minha mãe prestava. Com 12 anos, foi trabalhar na fábrica do meu avô, como urdideira.

Ela também se lembra, até com certa tristeza, que, em todas as férias escolares, a tia Artêmia, irmã da minha avó, vinha buscá-la para viajar a São Paulo, na Freguesia do Ó. Essa tia era casada e queria ter filhos, mas ainda não tinha. Logo ela teve uma filha chamada Eliana, mas este não foi o motivo do meu nome. Meu nome veio por conta de uma atriz brasileira, Ely Macedo de Souza, mais conhecida como Eliana Macedo. Minha mãe diz que meu nome foi por conta dela achar essa atriz muito bonita. A tristeza da minha mãe não era porque não gostava da minha tia, mas pelo fato de ficar longe dos pais e dos irmãos. E, de certa forma, ser a escolhida entre as sobrinhas a incomodava às vezes.

Com 16 anos, começou a participar do grupo de jovens na Igreja de Santo Antônio, em Americana, interior de São Paulo. Depois dos encontros, ela e uma amiga costumavam rodar a praça ao lado da igreja e em torno da fonte, as mulheres de um lado e os homens do outro. Era costume na época.

Foi em uma dessas voltas que ela avistou meu pai e trocaram olhares tímidos. Depois de mais algumas voltas e os olhares mais intensos, ele ofereceu cobertura a ela debaixo do guarda-chuva – começou a chover forte naquele dia – e os dois começaram a conversar. Depois de um tempo de namoro, resolveram se casar.

Meu pai era quatro anos mais velho que a minha mãe, mais experiente de vida, até por conta da trajetória de vida dele. Segundo ela, era um homem muito ciumento, que implicava com tudo, inclusive quando dizia que iria ao médico. Além disso, não tinha paciência com os filhos, principalmente comigo. Meu irmão sempre foi o mais protegido pelos dois.

Assim que se casaram, se mudaram para Campinas. Depois, para Americana, na casa da Rua Carioba, com meus avós maternos. Foi nesta casa que minha mãe engravidou dos dois filhos: meu irmão e eu. Minha mãe conta que foi uma época muito difícil e que chegou a virar a noite trabalhando no tear da fábrica do meu avô para ajudar na renda da casa. Eu e meu irmão, praticamente, fomos criados pela minha avó materna e minhas tias, Nega e Marly.

Quando meu avô descobriu que estava com câncer, fez a troca da casa como já citado em Americana mesmo, e pediu que minha mãe, meu pai e os netos fossem morar junto na casa para cuidar da minha avó caso ele morresse. Além dos meus pais, meu tio, Walter, meu tio, Caxambu e minhas duas tias solteiras, tia Marly e tia Nega, também foram morar lá. Isso foi por volta de 1973. Eu tinha uns cinco anos de idade na época.

Como a família da minha mãe era muito unida, a casa da minha avó tinha sempre muita alegria e festa, principalmente no final do ano, quando a casa lotava. Meu pai não era muito de participar das festas. Durante a semana, ele trabalhava muito e voltava só à noite e, nos finais de semana, ele vivia apitando jogos de futebol. Uma vez por ano, viajávamos para visitar os parentes do meu pai em Uraí, no Paraná, e uma irmã do meu pai, tia Eurides, em Pitangueiras.

Eu quase não via meu pai e minha mãe juntos. Nunca faziam nada a dois. Minha mãe sempre viveu pela família e meu pai, para o trabalho. Com o tempo, a relação foi esfriando e eles se afastando cada vez mais. Não vi um movimento de ambos para retomar a relação.

Por volta de 1991, meu pai se aposentou e não achou trabalho devido à idade. Nessa época, eu fazia faculdade de Nutrição e vendia lanches na rua para ajudar nas despesas de casa.

Em 2001, meus pais se separaram e se viram uma única vez para assinar o divórcio no cartório e acertar a pensão da minha mãe.

EMOÇÃO NÃO TRABALHADA, HISTÓRIA QUE SE REPETE

Assim como minha mãe, tenho a necessidade de ajudar as pessoas. Adoro sair às ruas para levar comida aos necessitados ou pessoas em condição de rua. Sou uma mãe protetora com as minhas filhas e procuro fazer o máximo para dar conta de tudo que preciso fazer, deixando minhas filhas o mais confortáveis possível.

Também sou uma mulher independente e gosto de ficar sozinha às vezes, assim como minha mãe. Mas, na verdade, isso não é bom, tenho dificuldade de pedir – e de aceitar – ajuda de outras pessoas. Acho que posso resolver tudo sozinha.

Apesar de forte, minha mãe tem dificuldade de expressar o que sente e socorre na fé suas angústias e preocupações. Com o tempo e meus conhecimentos, consigo reconhecer com mais clareza essas dificuldades e desbloquear para viver de uma forma diferente, para mudar esses padrões e não deixar as heranças geracionais para minhas filhas.

ENTENDENDO NOSSAS HERANÇAS

Na nossa genética, temos 50% de genes do pai e 50% da mãe. E quanto ao que trazemos deles em termos de carga emocional? Cada um deles traz em seu DNA, além da carga genética, marcas emocionais que absorveram da geração do pai e da mãe pela ancestralidade. Ao se unirem para a procriação, passam para seus filhos todas essas cargas também.

Ao sermos concebidos, somos influenciados por todas as marcas de nossos antepassados e das histórias individuais de cada "gerador". Logo, todos nós carregamos crenças limitantes e são elas que, instaladas, nos impedem de viver o nosso propósito.

Quando começamos a entender essa trajetória, iniciamos o aprendizado de que muitas das nossas concepções sobre a vida, e mesmo as crenças, vêm de nossa hereditariedade. A partir daí, inicia-se o desbloqueio, única forma de romper com esse ciclo.

E essa condição se torna cíclica, os descendentes passarão pelo que estou passando assim como os descendentes dos meus descendentes. Agora você entende, leitor, por que determinada situação se repete em uma família várias vezes e os conflitos que nascem desse emaranhado? Lembra a história de Romeu e Julieta, de Shakespeare, jovens Capuletos e Montecchios viverão a trágica história dos apaixonados se, de alguma forma, não romperem com a briga que vem de gerações dos pais.

Talvez, você esteja pensando: "Mas esta é uma história fictícia. Não tem nada a ver com a vida real". Então, proponho que você faça uma pesquisa no Brasil e verifique quantas famílias carregam as marcas de gerações após gerações, principalmente em regiões mais afastadas, no norte, nordeste e no sertão de nosso país.

100% VOCÊ

E como romper esse ciclo se não sabemos como nem onde começou? Honrando nossos pais e nossa ancestralidade, com amor no coração, aprendendo a perdoar e acolher o que eles puderam fazer, inclusive os caminhos que abriram para que chegássemos até aqui.

De acordo com Bert Hellinger (2012), filósofo, pedagogo e psicoterapeuta, criador de um método terapêutico conhecido como Constelação Familiar Sistêmica, biológica e espiritualmente, nossos pais são perfeitos e certos para nós, porém, muitas pessoas ficam indignadas com essa sentença.

Mas como posso aceitar as coisas ruins que meu pai me causou? Eu não concordo com a maneira pela qual minha mãe me criou. Eu não acho justo os abusos que sofri. Eu não recebi dos meus pais o amor que eu gostaria. Como posso amar quem me abandonou? Meus pais são os responsáveis pelo meu sofrimento. Dentre tantas outras, essas são reivindicações que, normalmente, escuto nas sessões da Reprogramação Emocional.

Diante de tantas famílias desestruturadas, com variadas maneiras de abuso (físico, sexual, psicológico, emocional), é compreensível termos tantos questionamentos em relação à concepção que, biologicamente, nossos pais foram perfeitos pelo fato de nos conceberem a vida. No entanto, é justamente aqui que Bert Hellinger reforça que nossos pais são pessoas, foram crianças e, como tais, possuem falhas, defeitos e cometem erros, assim como eu e você.

Na infância, a nossa tendência é fantasiar uma ideia de pai e mãe perfeitos. Conforme crescemos, vamos nos reconhecendo em nossos pais como pessoas e os conflitos aparecem. Fora as marcas que são deixadas na criança pela falta de inteligência emocional em sua estrutura cognitiva.

Para entendermos melhor essa relação, vamos criar uma imagem. Pense em um rio largo e abundante, fluindo suas águas e se renovando a cada curva. Agora, vamos colocar algumas pedras nesse rio de uma margem a outra, fazendo a água reduzir o ritmo ao desviar das pedras. Note, por essa imagem, que a fluidez da água já não é mais natural como quando não havia obstáculos pelo caminho. E, aos poucos, entre as pedras, começam a acumular resíduos como folhas, pedaços pequenos de gravetos e outros materiais, formando pequenos buracos com água parada.

É exatamente isso que acontece quando você não honra seus pais: torna-se água parada, anda em círculos e não consegue estar livre e inteiro para viver a sua vida com fluidez e harmonia. Não adquire permissão interna para fazer diferente e tende a repetir tudo que você julgou fortemente nos seus pais a vida inteira. E assim, a cada julgamento que profere a seus pais, adiciona mais uma pedra no curso do rio da sua vida, bloqueando toda força e energia que vinha da fonte, ou seja, dos próprios pais e ancestrais.

Se não compreender que, por meio de seus pais, foi-lhe concedida a vida, tende a viver como uma criança insatisfeita, achando que o mundo lhe deve tudo e projetando em seus relacionamentos afetivos (filhos, companheiro, companheira, marido, esposa, amigos) o que "julga" não ter recebido de forma suficiente e adequada dos seus pais.

Segundo Hellinger, por meio do método das Constelações Familiares, ao adicionar pedras de todos os tamanhos no curso do rio da sua vida (julgamentos, críticas, rejeições, acusações, reivindicações etc.), você perde forças e é o responsável por impedir a si mesmo de avançar em direção à própria vida e a seus objetivos.

100% VOCÊ

Mas, Eliana, então você está dizendo que eu preciso concordar/aceitar com meus pais exatamente como são/foram? Sim. Pela visão sistêmica, concordar significa reconhecer que tudo foi como tinha que ser e a prova disso é que você foi gerado e está vivo. Recebeu dos seus pais o maior presente que alguém pode receber: a VIDA. E jamais poderá retribuir isso a eles, justamente por isso dizemos que somos "pequenos" em relação aos nossos pais.

Portanto, honrar pai e mãe é despertar um novo olhar para o fato de estarmos vivos. É compreender que aquele homem e aquela mulher, que você chama de pai e mãe, foram perfeitos no momento exato de gerar a sua vida. E essa é justamente a razão principal para honrar a reverenciar seus pais.

Ressignificar a magnitude do que seus pais lhe deram no coração tem o mesmo efeito de remover as pedras que obstruem o fluir natural das águas do rio. Ao honrar seus pais, a força da vida que brota na fonte pode fluir livremente em você. Ao tomar profundamente, a força da vida que chegou até você por meio de seus pais e sentir-se grato por isso, faz com que todas as reivindicações se dissolvam pelo caminho.

Muitas coisas que aconteceram na sua vida podem não ter sido perfeitas pelas lentes do seu julgamento moral. Olhar para isso é também aceitar a imperfeição que torna todos os homens e mulheres do mundo humanos. É compreender que temos dinâmicas ancestrais antigas que continuam a nos influenciar e que todos erramos e somos falhos em muitos níveis, e estamos aqui para evoluir. A vida é muito mais forte que o nosso julgamento moral. É nessa força que você deve se concentrar para viver melhor, prosperar, com leveza e harmonia a própria vida. Quando você toma seu pai e sua mãe no coração, você pode ser quem você quiser, pois assim estará inteiro.

O AMBIENTE FAMILIAR NECESSITA SER O MAIS FORTE POSSÍVEL, PARA QUE A CRIANÇA CONSIGA TER SUSTENTAÇÃO E CRIAR O SUPORTE PARA VENCER AS ADVERSIDADES.

2
DA HERANÇA À ORIGEM

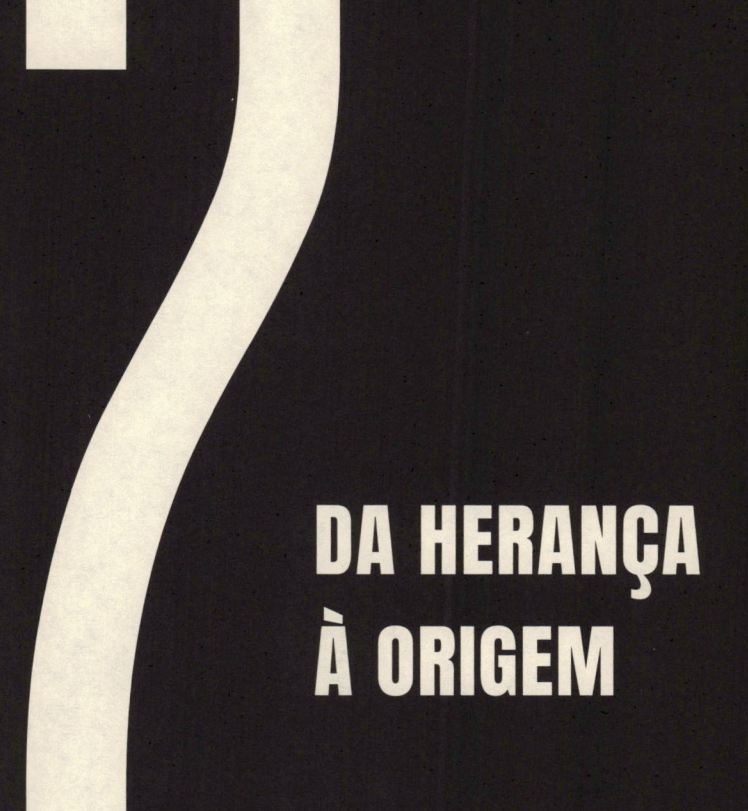

MINHA CONCEPÇÃO

Meu irmão tinha dez meses quando minha mãe ficou grávida de novo. Quando ela contou para o meu pai, disse que ele não esboçou reação. Fico imaginando o sentimento de rejeição e vazio que ela sentiu (e eu trouxe isso comigo). Nessa época, minha mãe morava no mesmo terreno que meus avós maternos. Eram três casas: uma da minha avó, outra dela e outra da minha madrinha e sua família.

Quando ela contou sobre a gravidez para a mãe e para minhas tias, ficaram preocupadas e prometeram ajudá-la no que fosse possível. Minha mãe sentia muita raiva do meu pai porque ele não a ajudava a cuidar do primeiro filho, mesmo sabendo da gravidez, afinal, meu irmão ainda era pequeno e precisava de atenção. Além disso, ela tinha medo de ir ao médico, pois meu pai era muito ciumento. Durante a gravidez, ela foi ao médico apenas uma vez, só no final.

Na madrugada do dia 12 de novembro de 1968, ela começou a sentir as dores do parto. Na mesma hora, acordou meu pai e comentou que o bebê estava para nascer. Meu pai, simplesmente, virou de lado e voltou a dormir. Nervosa e com dor, ela saiu sozinha pelo quintal e bateu na casa da minha avó e chamou minha tia, Nega, que a levou ao Hospital São Francisco. Nasci às 2h da manhã.

Imagino como minha mãe se sentiu naquele momento. Sozinha, sem o marido, com um filho pequeno em casa e dando à luz a outro. Pelo momento de fragilidade do parto, compadeço pela minha mãe. Não sei o que levou meu pai a agir dessa forma. Talvez, a relação deles já não estivesse boa e "esse abandono" que ela sentiu foi a dor da "criança interior" projetando momentos de abandono, quando precisava deixar a família e ficar na casa da tia, sendo a escolhida para se desmembrar do todo.

O que sei é que minha mãe, diante de toda a situação, ficou muito angustiada no hospital a tal ponto que se lembra da máscara de oxigênio a sufocando e das dores muito fortes do parto normal. Como era hospital público, não existia muito amparo à mãe, nem físico nem emocional. Acredito que minha mãe teve um quadro de ansiedade e depressão, mas os poucos recursos da época não favoreciam qualquer hipótese de um diagnóstico como esse, diferentemente de hoje.

O pior é que toda a angústia de minha mãe, querendo ou não, ficou projetada no emocional daquela bebê que chegava ao mundo. O que ela carregou, emocionalmente falando, na gravidez, foi a percepção de mundo dessa bebê. Uma das coisas que hoje percebo é que não gosto do período da noite.

Minha mãe conta que, desde que nasci, nunca fui uma criança chorona (imagino a minha criança, o tanto que ela não queria ser "a que veio para atrapalhar a vida desse casal", porque era assim que se sentia). Naquela época, a situação financeira de meus pais não era nada boa e minha mãe trabalhava muito, cuidando da casa e dos filhos. Ela tem uma mentalidade de escassez até hoje e eu, apesar de ter uma vida completamente diferente, por vezes ainda sinto o medo de algo faltar.

A minha criança interior interpretou a rejeição de meu pai de tal forma a internalizar que "teria que dar conta da vida sozinha", afinal, não poderia atrapalhar ninguém, pois era uma "intrusa" naquela família. Minha mãe conta que eu não dei trabalho, que não chorava e que fazia tanto as tarefas escolares como as de casa sem nenhum problema.

Tudo isso me faz entender que me virei sozinha, até para resolver e entender meus sentimentos. Fico imaginando como fui resolvendo e quais os significados que fui dando para cada coisa. Uma criança que testou "ser forte" sozinha e viu que deu certo será um adulto que usará a máscara de "forte" para esconder que é medrosa, principalmente em ser aceita.

E isso é verdade, pois, em uma imersão que vivenciei, o terapeuta me fez a seguinte pergunta: "Do que você tem medo que as pessoas descubram sobre você?". E mesmo eu, com 24 anos de experiência no autoconhecimento, respondi: "Que sou medrosa". Confesso que a mim mesma foi impactante a resposta; afinal, eu precisava "ser forte" e, no processo, "engoli" muitos medos.

Por trazer o medo e a sensação de abandono no meu campo vibracional, eu atraía todo o tipo de situações que me causassem medo e abandono, como solidão, abuso, assédio, aborto, separação e ser a provedora de uma casa. Tudo isso fez com que me tornasse a REALIZADORA.

ENTENDENDO A CONCEPÇÃO INTRAUTERINA

Quando pensamos em concepção, a primeira imagem que nos vem é uma mulher grávida. Aquela que leva no ventre um bebê, que acompanha de perto todos os momentos da gestação e tem todas as percepções do crescimento do feto. O papel do pai na gestação é o de acompanhamento e suporte.

No início de tudo, a vida é depositada no óvulo pelo PAI. O sopro de vida, a energia vital, o espírito, qualquer que seja o nome dado a esse milagre que nos dá a vida e nos diferencia de tudo, viaja por meio do espermatozoide, percorre um longo caminho com força, vida e leveza, até chegar ao óvulo da mãe e fecundá-lo. Então, o pai é o início, a centelha de vida, o movimento, a ação.

A mãe é o lar perfeito no qual a centelha de vida se expandirá e se desenvolverá durante nove meses. Ela é a estabilidade, o alimento, a morada do espírito. É a proteção, a companhia e o primeiro amor de uma criança. Portanto, quanto mais pai e mãe estiverem fortalecidos no corpo e no espírito, melhor será a herança genética e espiritual dessa criança.

A nutrição física - alimentação, qualidade do sono, hábitos saudáveis - e a nutrição emocional - a conexão entre os pais - definirão muito a qualidade que o espermatozoide terá e do útero que a criança habitará.

Segundo Hellinger (2012), "somente na mão do pai, a criança ganha um caminho para o mundo". Isso quer dizer que o menino terá o pai como referência em como ser um homem. Ele transmitirá ao filho o significado de segurança, do equilíbrio, da força e da proteção. Já a menina captará do pai as sensações, as emoções, o significado da convivência e do relacionamento com o sexo oposto.

A GESTAÇÃO

Temos a falsa ilusão de que só quando a criança nascer aprenderá o que vamos ensinar a ela. Na verdade, a criança começa a aprender antes dela nascer, no processo intrauterino. Ao nascer, o bebê possui um programa com a sua vida futura gravada. A partir daí, ele apertará o *replay* e continuará a reproduzir a gravação, só que em outras proporções na vida adulta e com outros personagens.

A experiência que ela viveu na vida intrauterina, ou seja, o que observou nos pais, principalmente na mãe: o que fizeram, viveram, falaram e sentiram durante a gestação, e os comportamentos gerados por essas sensações, ditarão como essa criança perceberá, sentirá e se comportará pela vida afora. A tendência é que, ao se deparar com estímulos semelhantes, reagirá da mesma maneira, repetirá o mesmo comportamento. É um jeito de garantir a sobrevivência, de maneira positiva ou negativa.

Na fase intrauterina, o bebê pode não compreender totalmente a linguagem do adulto, mas grava no seu cérebro emocional. Interpreta as emoções geradas por cada estímulo intrauterino e vai formando um repertório de emoções e comportamentos para reagir a esses estímulos na vida adulta. Se os pais se assustam, o bebê também se assusta. Se os pais sentem medo, o bebê sentirá medo. Se os pais brigam, o bebê se sente responsável por isso. Ou seja, o bebê não consegue interpretar o que é dele e o que é dos pais.

Se os pais não explicam ao bebê, dentro da barriga, o porquê estão brigando ou discutindo, ele tirará as próprias conclusões limitadas: se sentirá culpado pelo que está acontecendo entre os pais. Essa reação é a mais natural possível, pois, no mundo intrauterino em que o bebê vive por nove meses, só existem ele e seus pais.

Para compreender melhor, veja a seguir as etapas da gestação

Aos dois meses:

- O feto percebe o mundo fora do útero;
- Os nervos começam a chegar aos pés, mãos e genitais. O bebê terá as primeiras sensações táteis e começará a sentir o contato com a mãe;

- Há neurônios, mas muitos estão isolados uns dos outros. O bebê não ouve nem vê, mas já sofre com a ansiedade materna.

Aos quatro meses:

- O cérebro começa a decifrar os sentidos.
- O feto já reage aos sons e ao toque e começa a criar o vínculo afetivo profundo com a mãe.
- A voz dos pais chega com relativa clareza até os ouvidos do filho.
- Boa parte das células nervosas já está formada e transmite impulsos nervosos, como os produzidos pelo tato e pela audição.
- Já há nervos em quase toda a pele. O feto sente prazer com a massagem de carinho que a mãe faz na própria barriga.

Aos seis meses:

- Quase todos os sentidos funcionam;
- O bebê já percebe e interpreta muito do que acontece ao seu redor;
- O sistema auditivo está completo; já percebe diferenças de claridade, tem tato no corpo inteiro, além de paladar e olfato;
- O bebê tem receptores táteis em toda a pele e em grande quantidade. Já chora e quase sorri;
- O cérebro recebe impulsos nervosos vindos de todas as partes do corpo, transmitindo todos os tipos de sensações.

- O bebê já sente o gosto e o cheiro do líquido amniótico que o envolve, o qual, segundo a medicina chinesa, se altera de acordo com as emoções da mãe (salgado: medo; doce: preocupação; picante: tristeza; azedo: raiva; amargo: ansiedade);
- A audição está totalmente pronta e as vozes lá fora vão habituá-lo à língua.

GESTAÇÃO: UMA MONTANHA-RUSSA EMOCIONAL

A gestação é um período marcado por intensas transformações físicas, mentais e emocionais para a mulher - os hormônios ficam à flor da pele, o corpo se modifica, a ansiedade se faz presente e os pensamentos ruins chegam sem avisar. O medo do desconhecido é responsável por causar a maior parte das emoções negativas (tristeza, ansiedade, preocupação, insegurança, raiva, irritação etc.), que naturalmente surgem nesse período.

Nessa fase, são muitos os medos que podem afetar a mulher durante a gestação: medo de não dar conta de tamanha responsabilidade, preocupação com o próprio corpo e com a saúde do bebê, medo de desestabilizar a relação com o marido, medo da nova rotina e até medo do parto ou de não ter condições financeiras para cuidar de seu bebê. Tudo isso, associado ao cansaço físico, à dificuldade de dormir, às alterações hormonais e aos diversos preparativos que precisam ser resolvidos, é suficiente para deixar a gestante exausta e irritada.

Graças aos últimos avanços da ciência, como os hidrofones, microfones que funcionam em meios líquidos, comprovou-se que as conversas de fora não são ouvidas, mas atenuadas pela gordura e pelos tecidos da mãe – um grito lá fora soa como um lamento em voz baixa. Os resultados apontaram outra novidade: vozes graves, como a masculina, chegam mais fortes que sons agudos, como a voz feminina

Diante disso, conclui-se que o bebê simplesmente registra cada emoção como se fosse dele. Como ainda não tem recursos para compreender, durante a gestação, os reais motivos que estavam por trás de cada emoção, sentimento e pensamento dos seus pais, todo esse turbilhão de emoções que os pais vivem durante esse período, acaba sendo captado pelo seu cérebro emocional como uma mensagem muito forte de culpa e rejeição.

Família é a base mais sólida que um ser humano pode ter e criar, então, como alguém pode se sentir amado, aceito e seguro se o seu cérebro emocional interpretou que a pessoa que ele mais amava e que deveria proteger o rejeitou durante a gestação?

As características de personalidade, de comportamento, de preferências e respostas do bebê continuam depois do nascimento, como uma maneira de "projeção" de suas Programações Emocionais, registradas em seu cérebro emocional durante a gestação, que se repetem e se reforçam dia após dia, principalmente durante a primeira infância (zero a sete anos).

Ao reviver situações estressantes semelhantes às da vida intrauterina, inconscientemente a criança buscará o mesmo padrão de comportamento que apresentava na gestação e na infância para aliviar as tensões, ou seja, se sentindo culpada e rejeitada.

Essa trajetória só sofrerá alteração quando esta criança for adulta e ensinada a trazer à consciência tudo o que aceitou como verdade durante a gestação, época em que não sabia o que era o mundo real, nem tinha recursos para saber o que de fato é real e/ou bom para si.

Após deixar o ventre materno, a criança dá início a uma mudança radical da sua existência, sendo um indivíduo completo, único e independente, que deverá lutar com as próprias forças para sobreviver e atingir seus objetivos em um mundo nem sempre favorável.

Ao sair da barriga da mãe, o bebê necessita mudar seu comportamento, de um estado passivo, em que recebia tudo pelo cordão umbilical e era protegido pelo líquido amniótico, para ativo, em que precisará respirar, se mexer, ver, ouvir e chorar. O nascimento é a primeira vitória como ser humano, por isso é importante respeitar o momento da criança e a forma que vem ao mundo, não escolhendo a melhor data ou o parto que lhe convém.

Nas minhas mentorias da Reprogramação Emocional e do Método ID, é incrível o número de casos de programar a data para agradar o pai ou a própria mãe, causando no filho a frustração de respeitar o seu momento e o seu espaço.

Por esse motivo, o ambiente familiar necessita ser o mais forte possível, para que a criança consiga ter sustentação e criar o suporte para vencer as adversidades. Logo, quanto mais amor receber em sua base, mais forte e confiante será a criança, pois se sentirá mais segura e acolhida. E, consequentemente, gerará mais amor, mais união, para fortalecer o relacionamento do casal.

Quando não há relação de amor, ocorre um distanciamento entre os pais, surgirão conflitos, discussões, ciúmes, até a ligação ser rompida. A criança tenderá para o lado que mais a apoia: ou do pai ou da mãe, desequilibrando a relação e fazendo com que ela sinta frustração.

Então, é preciso pessoas perfeitas e, consequentemente, pais perfeitos para se gerar um filho? Não, até porque isso não existe, porém buscar o equilíbrio da relação e ter consciência se é o melhor momento de trazer ao mundo uma criança fará diferença em como será esta família futuramente.

Hoje, meu maior objetivo com a Reprogramação Emocional, uma das mentorias que faço on-line, é ajudar o cliente a mudar os significados interpretados dentro de si, compreender que a culpa e o medo da rejeição foram apenas interpretações da percepção de um bebê, sem recursos para entender a realidade e os problemas da vida adulta.

INTERPRETAÇÕES E SIGNIFICADOS DO BEBÊ

Os problemas emocionais são resultado não apenas das experiências vividas, mas das interpretações enquanto éramos bebês, tendo sofrido ou não, sido esperados ou não. É comum encontrarmos irmãos que viveram exatamente a mesma história e carregam sentimentos e memórias diferentes, desenvolvendo padrões de comportamento diferentes, ou, muitas vezes, opostos: cada ser humano dá um significado único às experiências que vive.

Por isso, a inteligência emocional considera que todas as pessoas carregam algum tipo de dor emocional, seja ela real ou interpretada. No caso de uma gravidez não planejada em que a mãe rejeita o bebê, é importante ter consciência de que a mãe não rejeita ou abandona o bebê em si, a pessoa, a criança, o filho – até porque ela nem o conhece ainda, nem sabe quem ele é. Ela rejeita a possível situação de dor ou sofrimento de seu bebê.

Ou então, quando a mãe bate, maltrata ou humilha um filho – por mais que ela possa querer punir a criança por alguma razão, ela não quer machucá-la – está apenas aliviando a dor emocional de algo que ela já passou, como se estivesse dando o troco em quem a fez passar por isso. Foi a forma que ela aprendeu a se comunicar, a receber e transmitir amor: por meio da agressão, por exemplo.

Outro exemplo de interpretação distorcida ainda na gestação é quando a mãe, de tanto amor, sente medo de que seu filho não nasça saudável. O bebê sente apenas o medo que a mãe está vivenciando e, sem entender o real motivo, se sente culpado por gerar aquele medo em sua mãe. Ou então, depois que nasce, quando a mãe sai para trabalhar e o filho sente que foi abandonado.

Nesse caso, a criança não tem consciência de que a mãe foi trabalhar para dar uma vida melhor a ela e que voltará em algumas horas, acaba apenas sentindo o vazio do amor materno e uma sensação de abandono e rejeição. Isso fica registrado no inconsciente da pessoa, fazendo com que crie padrões para se proteger da dor ou para suprir as necessidades de amor e proteção. Ou pode até gerar programas emocionais, como "o trabalho é ruim, pois tirou minha mãe de mim", "se eu trabalhar, não receberei amor" e assim por diante.

A questão é que a mensagem de rejeição pode ser transmitida ao ser recém-gerado mesmo quando a mãe deseja a gravidez, e isso acontece porque, naturalmente, o organismo da mulher reage ao "corpo estranho" que ocupa seu ventre. Todo esse extraordinário processo desencadeia a luta pela sobrevivência e o medo de ser rejeitado ainda nessa fase intrauterina, já nos preparando para todos os desafios que encontraremos na vida adulta lá fora.

A RAIZ DA NOSSA INSEGURANÇA E DA MAIORIA DOS NOSSOS BLOQUEIOS ESTÁ NA PRIMEIRA INFÂNCIA, ESPECIALMENTE NO CONTATO COM A FIGURA PATERNA, POIS O PAI É O RESPONSÁVEL POR CONSTRUIR UM ESPAÇO SEGURO PARA DESBRAVARMOS OS CAMINHOS DA VIDA.

3

RECONHECENDO A MINHA CRIANÇA INTERIOR

A RAIZ DA MINHA INSEGURANÇA

O conceito de criança interior é um termo usado pela psicologia para definir essa parte íntima, ligada às crenças e aos afetos que foram construídos na infância. Em maior ou menor grau, essa criança que fomos ainda carrega em nós seus anseios e carências. A necessidade de amor cuja falta vem da infância é responsável por muitas tendências autodestrutivas e insatisfações nas relações pessoais. Essa criança precisa ser cuidada para o equilíbrio da nossa vida emocional.

A criança interior é o resultado de experiências vividas desde o momento da concepção até o final da infância. Dependendo do que você recebeu dos pais e do ambiente em que se desenvolveu, sua criança interior pode trazer em seu íntimo criatividade, alegria, intuição, sensibilidade, autenticidade, mas também rancor, medos, culpa, solidão, desamor, obsessões etc. Ela é tão importante que podemos considerar que é a mais fiel representação de quem verdadeiramente somos, pois nossos impulsos são amplamente influenciados pela percepção que a criança interior tem da vida.

Só para que entenda melhor, a raiz da nossa insegurança e da maioria dos nossos bloqueios está na primeira infância, especialmente no contato com a figura paterna, pois o pai é o responsável por construir um espaço seguro para desbravarmos os caminhos da vida. Se não tivemos a proteção, o apoio e o afeto do nosso pai, implicará feridas emocionais que alimentarão máscaras que usaremos por toda uma vida na tentativa de sobreviver e se proteger.

No meu caso, fui a menina sozinha, vulnerável. A ausência de um pai zeloso, amoroso e protetor pode ter despertado na minha criança interior a necessidade de ser salva, por isso internalizei que, de alguma forma, só receberia atenção se estivesse em apuros. E surgiu uma adulta insegura, que aparentava ser forte e, frequentemente, usava a máscara da vítima em busca da segurança que não tinha do meu pai em uma relação amorosa. Desse forma, projetava em alguém do sexo oposto a carência para encontrar validação, explicando, assim, a minha necessidade de ser boa.

Ao mesmo tempo que não tive a presença do meu pai, projetei no sexo oposto a busca por este pai, e, lógico, atraí para minha vida somente homens indisponíveis ou ciumentos, como meu pai. E não preciso nem dizer que ninguém supria o que eu buscava; pelo contrário, quanto mais eu sentia esse abandono do meu pai, mais eu abandonava meus relacionamentos antes que eles me abandonassem. Por me sentir sempre sozinha, tinha dificuldade de demonstrar sentimentos e uma forte necessidade de ajudar os outros, de salvar as pessoas. Na busca do reconhecimento do meu valor, foquei excessivamente no profissional.

Como consequência da minha atitude, passava agressividade na fala e era combativa, lutando para sempre me proteger; atraí homens imaturos, acomodados e sem iniciativa, que precisavam ser salvos, competia com meus parceiros na relação e acabava sendo autoritária e controladora; sentia-me exausta por fazer tudo e não pedir ajuda; pela dificuldade de dizer "não", negligenciava sempre alguma área da vida em função de resolver os problemas alheios.

Com meu feminino ferido, achava que minha missão era salvar tudo e todos. De certa forma, reunia em mim a insegurança e a frustração na área amorosa, o cansaço e a necessidade de realizar, mostrando o quanto era boa e não precisava de ninguém.

ELIANA PIGATTO

O ABANDONO QUE NÃO SE ESQUECE

Quantas vezes, ainda que na presença de alguém, temos a nítida sensação de que, a qualquer momento, podemos ser abandonados? Quantas vezes, diante de um atraso, sentimos verdadeiro pânico? Quantas vezes nos desesperamos diante da possibilidade da pessoa amada nos deixar?

Quem viveu o abandono durante a infância pode sentir um medo incontrolável de ser deixado, procurando evitar a todo custo ser abandonado novamente. Quando falamos de abandono, não é apenas nos casos em que uma criança é literalmente abandonada por seus pais, a quem se espera ser amada e cuidada, mas aquelas que são abandonadas pela negligência de suas necessidades básicas, da falta de respeito por seus sentimentos, do controle excessivo, da manipulação pela culpa durante a infância.

Crianças abandonadas, tanto física como psicologicamente, entram na vida adulta com uma noção profunda de que o mundo é um lugar perigoso e ameaçador, não confiam em ninguém, porque não desenvolveram mecanismos para confiarem em si mesmas.

O abandono está diretamente relacionado com situações de rejeições registradas na infância e que podem se intensificar durante toda a vida, principalmente quando se vê diante de outras situações de rejeição e/ou abandono. Cada vez que vivenciamos situações de perda, é como se estivéssemos revivendo a situação original de abandono, da qual dificilmente se esquece.

Podemos reprimir e fugir desses sentimentos, mas raramente conseguimos lidar sem sofrimento diante de qualquer possibilidade de perda e/ou rejeição. Quando somos rejeitados em nosso jeito de olhar, expressar, falar, comer, sentir, existir, não obtendo reconhecimento de nosso valor, principalmente quando somos crianças, é inevitável que se registre como abandono, pois, de alguma maneira, ainda que inconsciente, abandonamos a nós mesmos para nos tornarmos quem esperam que sejamos.

Sente-se abandonado quem não se sentiu, acima de tudo, amado, e isso pode ser sentido antes mesmo de nascer, ainda no útero materno. Pais que rejeitam o bebê durante a gestação podem deixar muitas sequelas quando ele se torna adulto. Toda criança fica aterrorizada diante da perspectiva do abandono, porque equivale à ideia de morte.

Conforme percebemos, consciente ou inconscientemente, e ainda muito pequenos, que a maneira com que agimos não agrada aos nossos pais, vamos tentando nos adequar ou adaptar nosso jeito de ser e, aos poucos, vamos nos distanciando de quem somos de verdade, agindo de maneira a sermos aceitos.

É quando começamos a desenvolver o que chamamos de um falso *self*, um estado de incomunicação consigo mesmo, gerando uma sensação de vazio. O falso *self* é um mecanismo de defesa, mas que dificulta o encontro com o *self* verdadeiro.

Crianças que sofreram em silêncio e sem chorar, ou como alguns relatam, chorando por dentro, podem aprender a reprimir seus sentimentos, pois uma criança só pode demonstrar o que sente quando existe ali alguém que a possa aceitar completamente, ouvindo, entendendo e dando-lhe apoio, o que, nesses casos, raramente acontece. Pode acontecer dessa criança desenvolver-se de modo a revelar apenas o que é esperado dela, dificilmente suspeitando o quanto existe de si mesma por trás das máscaras que teve que criar para sobreviver.

Alguns pais, inconscientemente, numa tentativa de encobrir sua falta de amor - o que é muito comum, por mais assustador que seja para alguns - declaram muitas vezes seu amor pelos filhos de forma repetitiva e mecânica, como se precisassem provar para si mesmos seu amor. As crianças sentem que as palavras não condizem aos verdadeiros sentimentos, gerando uma busca desesperada por esse amor, que pode se estender durante toda a vida.

A sensação de ter valor é essencial à saúde mental. Essa certeza deve ser obtida na infância. Por isso que a qualidade do tempo que os pais dedicam a seus filhos indica o grau em que os pais os valorizam. Por outro lado, a criança que é verdadeiramente amada, sentindo-se valiosa quando criança, aprenderá a cuidar de si mesma de todas as maneiras que forem necessárias, não se abandonando quando adulta.

Como perdoar um pai bruto, que o fazia trabalhar desde muito pequeno ou pedir dinheiro, e que depois gastava tudo em jogos e bebidas? Como perdoar um pai que abusou sexualmente da filha e psicologicamente do filho? Como perdoar a uma mãe que trancava os filhos no armário ou no quarto ao lado enquanto se encontrava com outro homem dentro da casa, ou quando deixava os filhos sozinhos em casa dizendo que ia trabalhar, quando na verdade ia se divertir? Como perdoar pais que sempre ocultaram a verdade, insistindo na mentira? Como perdoar um irmão que abusou sexualmente da irmã? Como perdoar uma mãe que demonstrava as insatisfações por gritos com seus filhos? Como perdoar a um pai que batia constantemente na mãe na presença dos filhos? Como perdoar aqueles que roubaram a infância e inocência de muitas crianças? Como perdoar aqueles que o deixaram, o abandonaram?

Não é possível perdoar se o perdão for entendido como negação do fato, pois precisamos sentir a dor que ficou reprimida em nossa alma. Perdoar não significa aceitar, mas se permitir sentir e expressar toda a raiva, a dor reprimida e encontrar caminhos saudáveis que podem transformar esses sentimentos em experiência e aprendizado.

A melhor maneira de fazer isso é pelo desbloqueio emocional. No **Método ID**, trazemos o cliente até a origem do fato e ali ele reage com a força do adulto de hoje, acolhendo aquela criança que nada pôde fazer naquele momento, se perdoando e se desconectando da pessoa e do fato em si. Não é esquecer, pois não se trata de perder a memória, mas de lembrar sem sentir no corpo físico os sintomas.

Ao nos tornarmos mais conscientes de nossas feridas, entre elas as geradas pelo abandono, podemos agir sobre aquilo que vivenciamos, aprendendo a respeitar nossos sentimentos mais profundos, assumindo a responsabilidade pelas mudanças que podemos nos permitir vivenciar no momento presente. Não se trata de regresso ao lar, porque muitas vezes esse lar nunca existiu. É a descoberta de um novo lar, o qual cada um de nós pode construir, sem mais se abandonar.

É de suma importância que você dê espaço a sua criança para que ela se manifeste e, hoje, como "o pai ou a mãe dela", possa fazer da maneira correta o que não foi feito no momento exato.

CRIANÇA FERIDA E CRIANÇA DIVINA

O que sentimos e quais sentimentos conseguimos perceber (ou deixamos de perceber) dentro de nós depende essencialmente das experiências que tivemos na vida. A partir daí, podemos falar da existência de duas crianças dentro de nós: *a criança ferida e a criança divina*.

A criança divina abarca nossas crenças negativas e os sentimentos opressivos que delas resultam como tristeza, medo, desamparo e raiva. E desses sentimentos originam as chamadas estratégias de autoproteção, que desenvolvemos para conseguir lidar com esses sentimentos, ou melhor, para evitar senti-los. Algumas dessas estratégias mais comuns são o perfeccionismo, a obsessão por harmonia, pelo controle, a dominação e, ainda, a agressividade. Já a criança ferida representa aquela parte da nossa autoestima que foi ferida, por isso mesmo está fragilizada.

A criança divina carrega todas as influências positivas e todos os sentimentos bons, representando tudo o que é inerente às crianças felizes: a espontaneidade, sede de aventura, curiosidade, entrega, vitalidade, entusiasmo e alegria de viver. Representa uma metáfora para a parte intacta da autoestima. Mesmo com tudo o que você passou, é uma parte saudável da sua personalidade.

Muitos de nós, adultos, temos dificuldades em lidar com as emoções, manter relacionamentos ou suavizar falhas do passado, porque a mente pensante não sabe das mágoas que a criança interior carrega e, como adulto, não consegue ter influência sobre a criança ferida. Para conseguir ter atitudes saudáveis, mais assertividade, é necessário olhar a relação que tivemos na infância com nossos pais e reparar nos gatilhos que são disparados por dores que ainda não foram olhadas da infância.

Só assim seu adulto vai poder acalmar essa criança ferida. Somente com este diálogo interno, amoroso e consciente, é que o modo adulto, sereno e benevolente, poderá reagir adequadamente aos impulsos da criança ferida em vez de comprar briga com ela ou se magoar.

No desenvolvimento humano, os primeiros anos de vida são importantes porque é nesse período que se forma a estrutura cerebral, com todas as redes neurais e sinapses. Por isso, o que vivenciamos nesse estágio com as pessoas mais próximas fica gravado em nossa mente. A maneira como nossos pais nos tratam se torna um modelo para todos os relacionamentos futuros.

Com nossos pais, aprendemos a enxergar a nós mesmos e nossas relações interpessoais. Nossa autoestima se desenvolve nesses primeiros anos e, com ela, também a confiança no outro ou, em casos menos felizes, a desconfiança para nossas relações.

Até um ano de vida, somos indefesos e precisamos encontrar pessoas que se encarreguem de nós e isso decide muito sobre como vivemos e como pensamos sobre a vida. Nossos pais, por mais amorosos que fossem, tinham que impor limites.

No segundo ano de vida, aprende-se a andar, é repleto de proibições e limites impostos. O tempo todo a criança é chamada a atenção para que não quebre o brinquedo, não coloque a mão ali ou aqui, não derrube o vaso, para que use o troninho, ou seja, a criança sente com frequência que está fazendo algo de errado ou que algo não está bem.

Em termos gerais, nos primeiros dois anos de vida, sabemos se somos queridos ou não, sobretudo por meio dos sentidos. Praticamente todo cuidado que se tem com recém-nascidos e crianças pequenas é físico: alimentação, banho, troca de fralda e, acima de tudo, carinho. Por meio do carinho, olhares amorosos e o tom de voz das pessoas cuidadoras, a criança consegue deduzir se é bem-vinda ou não neste mundo. É nesse período também que, por estarmos interinamente à mercê das ações de nossos pais, desenvolvendo as chamadas confiança ou desconfiança básicas. O básico aqui se refere à experiência existencial profunda, que cria raízes na memória do corpo.

Pessoas que adquiriram confiança básica demonstram uma firme presença em si mesmas, condição necessária para nos relacionarmos com o outro. Pessoas que se sentiram seguras nessa fase da vida tendem a ter a criança divina mais aflorada. Pessoas que sofreram muito estresse nessa fase da vida tendem a reagir com mais força aos agentes estressores, pois aguentam menos pressão emocional, identificando-se mais com a criança ferida.

Não nos lembramos dos primeiros dois anos de vida com a mente consciente, isto é, com o nosso ego adulto, apesar de estarem registrados profundamente no inconsciente. Ou seja, muitas reações e comportamentos que tivemos nesse período, não são lembradas conscientemente, mas têm os sentimentos guardados.

A CRIANÇA EM VOCÊ PRECISA DE UM LAR

Todo mundo precisa de um lugar onde se sinta protegido, seguro e querido. Todo mundo necessita de um lugar onde possa relaxar e ser quem realmente é. Se fomos aceitos e amados durante a infância e juventude, então tivemos um verdadeiro lar, um local acolhedor, o nosso porto seguro.

Então, interiorizamos esse sentimento de ser aceito e querido, que se converte em uma postura positiva diante da existência e nos acompanha ao longo da idade adulta. Confiamos em nós mesmos e nos outros. É como um lar dentro de nós, nos fornecendo apoio e proteção.

No entanto, muitas pessoas trazem da infância lembranças bem ruins ou traumáticas; outras, que tiveram uma infância infeliz, pouco se lembram dessas experiências, pois a reprimiram. Tudo o que vivemos em nossa infância nos projetou para fora ou para dentro desse lar e quem não tem um lar dentro de si tampouco vai encontrá-lo no mundo exterior.

Quando falamos dessas influências da infância que, com os fatores hereditários, definem grande parte de nosso modo de ser e nossa autoestima, estamos falando de uma parte da nossa personalidade que, na psicologia, é chamada de "criança interior". A criança interior representa todo esse conjunto de impressões (tanto as boas quanto as ruins) que foram transmitidas na infância por nossos pais e por outras pessoas centrais em nossa vida.

São, sobretudo, as influências negativas que nos causam problemas quando adultos, pois a criança em nós faz de tudo para que as mágoas e as dores sofridas na infância não se repitam. Ao mesmo tempo, ela continua em sua busca pela segurança e pelo reconhecimento que não teve. Os medos e os desejos atuam ativamente nas profundezas da nossa consciência.

No nível consciente, somos adultos independentes levando nossa vida, mas, no nível inconsciente, nossa criança interior tem grande influência sobre nossa percepção, nossa maneira de sentir, de agir e pensar. É algo muito mais forte que nosso intelecto, aliás. Já foi comprovado pela ciência que o inconsciente é uma instância psíquica extremamente poderosa, determinando entre 80 a 90% de tudo que fazemos ou vivenciamos.

É fato que nossos comportamentos e atitudes vêm muito mais das emoções da nossa criança interior do que da maturidade do nosso adulto. Somente quando conhecemos nossa criança interior e a acolhemos nos abrimos para descobrir os profundos anseios e cicatrizes que trazemos dentro de nós. Só, então, podemos vir a aceitar esse lado ferido de nossa alma e começar a curar parte dele. Assim, fortalecemos nossa autoestima e a criança em nós finalmente tem a chance de encontrar um lar. Isso fará com que possamos construir relações mais tranquilas, saudáveis e felizes, para conseguirmos encerrar relações que não nos fazem bem ou até nos adoecem.

LAR EMOCIONAL, TODOS TEMOS UM

Já escutou falar em "lar emocional"? Pois é, todos nós temos um. Se você não sabe qual é o seu, responda às seguintes perguntas:

- Qual é a emoção que está sempre presente na sua vida?
- Qual é a emoção que lhe transmite segurança, mesmo que seja uma emoção desagradável? A que você "visita" com mais frequência?

Cada pessoa tem uma resposta e você terá a sua. Talvez seja estresse, gratidão, raiva, culpa ou alegria. O seu lar emocional pode evocar sentimentos bons ou ruins. Independentemente disso, a tendência é sempre voltar a ele. Por exemplo, se o seu lar emocional é o da gratidão, por mais que algo ruim aconteça, você encontrará uma maneira de ser grato por aquilo. Se o seu lar emocional é o da culpa, mesmo que você obtenha as maiores realizações, sempre encontrará um motivo para se sentir culpado.

O lar emocional, aquele que você viveu com seus pais, irmãos ou com quem criou você, foi a sua base de referência. Tudo o que acontecer na sua vida, de bom ou ruim, fará com que você queira retornar para lá, porque é o que conhece e onde se sente seguro. É a qualidade da sua vida, a qualidade das suas emoções habituais.

Se o seu lar emocional foi de muita falta, seja ela de amor, de afeto, de atenção ou até de dinheiro, por mais que conquiste essas coisas, sempre estará focado na falta. Algumas pessoas têm sucesso e dinheiro, mas não se sentem felizes porque seu lar emocional foi de muita tristeza, preocupações, frustrações, e sempre encontram um jeito de voltar para lá. Se o seu lar foi de frustração, você sempre encontrará algo para se sentir frustrado.

Se vive em um lar de lamentações, está sempre a lamentar na vida, murmurar, pois é o seu condicionamento, é tudo o que você sabe fazer. Mesmo que a vida venha e dê um giro para melhor (180 graus), você voltará para aquele padrão.

Não seria maravilhoso reformar o seu lar? Mas como, Eliana? Tudo é treinável, diz Joel Jota, então, todos os dias devemos cultivar e ativar as melhores emoções como alegria, satisfação, sentimentos de gratidão e abundância. E mesmo que algo tire você desse estado, rapidamente voltará para ele.

A dor é inevitável para todos, mas o sofrimento será opcional para alguns. Conheça todos os cômodos do seu lar emocional pelo autoconhecimento, com a **Reprogramação Emocional** e o **Método ID**.

Autoconhecimento é o que você busca para dentro; conhecimento é o que você busca fora. Você pode achar cômodos como tristeza, raiva e solidão, rejeição. Quando entra nesses cômodos e tem maestria emocional, sai mais rápido (em menos tempo). Jesus entrou nos cômodos da ira e do medo, mas, da mesma forma que entrou, saiu.

Em qual cômodo costuma ficar mais tempo no seu lar emocional? O cômodo que você mais visita é o que sua alma procura para evoluir. Se fica mais no cômodo do medo, sua alma veio para desenvolver a coragem. Se for no cômodo da raiva, sua alma pede que desenvolva o perdão e a sabedoria.

Qual é o primeiro passo para mudar essa realidade e criar o lar que você deseja? Inicialmente, é preciso identificar suas emoções para, então, reprogramá-las. Cumprida a etapa de reconhecimento, vem a próxima: você precisa ser honesto e responder em qual lar gostaria de estar, qual a principal emoção que desejaria sentir e o que é preciso fazer para que isso aconteça. É como se você não gostasse da casa onde mora e decidisse procurar outra moradia, mais ensolarada ou com uma linda varanda.

Nosso cérebro não sabe como partir de um ponto A e chegar a um ponto B. Para que ele possa trilhar esse caminho, é preciso praticar diariamente o que nos leva ao lar emocional que queremos. Uma vez que tenhamos clareza, é preciso agir com consistência. Na percepção dela, nove meses, o tempo de uma gestação saudável, é o período necessário para gerar essa nova atitude saudável.

Uma técnica muito eficaz é você dar um nome ao seu novo lar emocional. Até me conscientizar disso, chamava o meu lar interior de "Eliana medrosa". Quando rebatizei para "Eliana corajosa", passei a enxergar com clareza qual das duas estava em ação em cada circunstância. Isso ajudou a especialista em desenvolvimento humano a trazer a "Eliana corajosa" mais vezes para o protagonismo.

É importante organizar uma lista de emoções mais constantes e aquelas que você deseja atingir. Para isso, entenda onde é seu lar atual.

COM O QUE VOCÊ DEVE TOMAR CUIDADO NESSE LAR EMOCIONAL?

Todo lar emocional tem um porão. E tem gente que visita o porão e, dentro dele, encontra um baú cheio de livros de histórias, e você vive abrindo esses livros e contando as histórias.

Quanto tempo da vida você passa nesse porão?

ENQUANTO O SER HUMANO NÃO BUSCAR UMA NOVA COMPREENSÃO SOBRE AS ORIGENS DOS SEUS COMPORTAMENTOS, NÃO CONSEGUIRÁ REPROGRAMÁ-LOS, PASSANDO A SER REFÉM DELES OU SE AUTOSSABOTANDO DIA APÓS DIA.

CAPÍTULO 4
ESPECIAL

TIA MARLY

Talvez você tenha tido uma tia ou um tio mais próxima(o) ou mais disponível do que propriamente sua mãe ou seu pai. Eu tive a tia Nega e a tia Marly. Essas duas tias marcaram profundamente minha vida. Ambas não se casaram, apesar de que a tia Nega teve um filho, Gerson, um homem incrível, professor de português e francês.

Minhas tias moravam com a minha avó e ajudavam minha mãe com os filhos, muitas vezes até financeiramente. Antes de meu avô materno vir a falecer, ele trocou uma casa no bairro Colina para que todos fossem juntos, inclusive minha mãe com meu pai e dois filhos. Era um sobrado: lá em cima, moravam minha avó e as duas tias e meu tio, Walter, também solteiro.

Mas, em 1989, minha avó, Renata Elisa, veio a falecer e tudo acabou. Confesso que levei mais de dez anos para "liberar" minha avó. Eu chorava o tempo todo, era como se eu tivesse perdido a referência de proteção, cuidado e amor verdadeiro. Nunca mais nos reunimos, ficou cada um mais no seu canto. A minha sorte foi ter perto minhas tias e meu tio. Tia Nega veio a falecer em 1995, de câncer, e acabei ficando muito próxima da tia Marly. Quando minha mãe se separou, ficaram as duas juntas.

Mesmo adulta, eu brigava muito com a minha mãe, por isso recorria sempre à tia Marly. Ela era minha parceira. As mulheres da minha família sempre foram muito fortes, mas de um coração que não cabia no peito.

Minha mãe cuidava mais da casa, e minha tia passeava

com a Victoria Elisa, minha segunda filha, e a levava para escola. Minha tia Marly cuidou de mim, da Victoria e da Duda, minha quarta filha (descobri que a gravidez da Victoria Elisa foi gemelar, ou seja, aqui incluo mais uma filha, a Maria Fernanda). Apesar de ser geniosa, era aquela figura que trazia paz, acolhimento e amor sem cobrança.

Logo que a minha avó faleceu, meu tio e meu primo compraram dos irmãos a maior parte da casa na Colina, minha mãe e minha tia foram para um apartamento. Elas se entristeceram muito, pois aquela casa havia sido comprada pelo pai delas. E hoje entendo que, a não ser que peçam, não é legal tirar nossos pais do lugar onde escolheram viver. Tiramos a força deles e queremos, muitas vezes, inconscientemente, mostrar que somos maiores e melhores que eles.

Apesar dessa tristeza, havia partes boas, pois eu também morava no mesmo condomínio para o qual haviam mudado. Eu morava no Bloco 1 e elas no 4, almoçávamos sempre juntas. Minha tia era daquelas que descia para entregar café para as responsáveis pela limpeza e os porteiros. O pessoal amava as duas.

Contudo, em maio de 2020, descobrimos um câncer avançado nela e nosso chão se abriu. Decidi dar as melhores condições para minha tia: ela fez todos os exames em modalidade particular, tomou os melhores suplementos. Para que pudesse suprir essas necessidades materiais, eu formei a Turma 14 da Reprogramação Emocional, para a qual dava mentorias nos finais de semana.

Depois de um mês da descoberta, sem sentir dor alguma, minha tia, em uma segunda-feira, fez a passagem dormindo. Tomei a frente de tudo para diminuir o sofrimento tanto da minha mãe como das minhas filhas.

Mas, depois de alguns meses da morte da minha tia, senti as dores da sua partida. As dores precisam ser sentidas para não ficarem reprimidas e o corpo expelir. Foi em uma terapia de ressignificação que trabalhei a síndrome do pânico que cheguei a desenvolver por conta de não expressar a minha dor e a saudade.

Chegavam os domingos e eu entrava em pânico com medo de algo assustador acontecer nas segundas-feiras pela manhã. Como eu já não gostava das noites, dormir virou algo aterrorizante. Confesso que esta ausência causou sequelas profundas em todas nós. Procuro, hoje, não voltar ao momento quando tudo aconteceu, porque me bate uma saudade profunda, mas fico com a lógica de que a vida continua.

Por que dediquei esta parte do capítulo só para ela? Porque ela foi o meu refúgio por muitas vezes. Minha criança se sentia segura com ela por perto. Hoje, todas nós escolhemos viver da melhor maneira possível para honrar aquela que nos ensinou a viver.

Muitas vezes, eu dizia que minha tia era minha mãe. E sei que esse papel não era dela e sim de direito daquela que me deu a vida. É muito importante quando nós somos criados por outras pessoas que não anulam o lugar daqueles que nos deram a vida. Elas têm seu lugar no sistema familiar, mas serão sempre tias e não nossas mães. Colocar cada uma no seu lugar é muito importante para que haja harmonia no sistema familiar.

COMO EU VIVI COM TUDO O QUE SENTI, PERCEBI E OUVI QUANDO CRIANÇA

Entendi, quando pequena, que não fui bem-vinda na minha família, que acabei sendo a causadora da separação dos meus pais (interpretação da minha criança). Não queria dar trabalho aos meus pais; por ter nascido, já tinha dado.

Recordo-me que minha mãe contou que ela e meu pai brigavam muito na nossa frente e que eu e meu irmão ficávamos quietinhos. Que ela sempre pensava em se separar. Não me lembro de momentos bons com meu pai.

Meu pai sempre foi mais distante de nós, mas sempre foi um homem trabalhador, sem vícios. Minha mãe conta que eu não era grudada nem com ela nem com meu pai, e sim com a minha avó materna e minhas tias.

Minha mãe contou que, quando eu tinha oito anos, vomitei tanto que, ao chegar no hospital, o médico disse que precisava me internar, mas ela não deixou. Ele ficou bravo e a fez se comprometer com o risco que eu sofreria caso me desidratasse. Ela assumiu o risco e me levou de volta para casa. Dormiu o tempo todo ao meu lado na cama. Só depois ela descobriu que eu tinha alergia ao medicamento Novalgina.

Independente dessa alergia, acredito que eu tenha ficado doente para ter a atenção da minha mãe. Muitas crianças usam o recurso da doença para chamar a atenção dos pais em caso de abandono emocional.

Meu irmão mais velho dava muito trabalho à minha mãe. Ela era constantemente chamada à escola para assinar punições ou tomar ciência das coisas que ele aprontava. Eu, ao contrário, era quieta, cumpria os meus deveres, estudava sozinha e não incomodava a minha mãe. Porém, confesso que ficava muito enciumada de minha mãe ficar tão próxima de meu irmão.

Eu adorava ficar na casa da minha avó e da minha tia. Passava o final de semana inteiro com elas. Lá eu tinha atenção, carinho e muitas comidinhas gostosas que as duas faziam só para mim. Em casa, além do abandono emocional, tinha a pressão do meu irmão que, vez ou outra, me batia e eu não podia contar nada a minha mãe, senão apanharia mais.

A convivência com meu irmão foi muito difícil. Por ser mais velho, e eu muito quieta, ele achava que podia fazer o que quisesse e isso me incomodava muito. Como a casa só tinha dois quartos, eu era obrigada a dividir meu espaço com ele e tinha que aturar rock alto o dia inteiro. Eu não tinha privacidade nem ele respeitava os limites do espaço, como dois irmãos.

De alguma forma, minha mãe projetou no meu irmão a ausência física do meu pai e ele se aproveitou muito da situação, inclusive comigo. Ele se achava no direito de me bater e impor o que queria. Por mais que tentasse pedir ajuda da minha mãe, não tinha reciprocidade dela. Às vezes, eu chegava a pensar que ela gostava de me ver apanhando.

Também não podia contar com meu pai, que se afastava cada vez mais de casa. Eu me sentia o tempo todo oprimida por ele, inclusive depois de mais velha. Posso dizer que a gota d'água da nossa relação foi uma surra que ele me deu, que deixou não somente marcas físicas, mas também psicológicas. Diante da passividade da minha mãe, resolvi que sairia de casa e não voltaria mais.

Na época, já tinha terminado a faculdade e estava trabalhando em um consultório dentário como assistente. No dia da briga, que nem me lembro o motivo de ter começado, peguei apenas algumas roupas e umas caixas de sapato (eu amava sapatos, e ainda amo) e fui direto para o apartamento que minha mãe havia dado entrada na Caixa Econômica Federal, só que não tinha absolutamente nada.

Eu acho que eu tinha uns 23 anos nesse momento. Fiquei um ano morando no apartamento, nessa época já namorava meu primeiro marido. Depois, resolvemos nos casar e continuamos a morar lá mesmo.

Por conta da surra, fiquei muitos anos sem falar com meu irmão. Não queria vê-lo de jeito nenhum. Achava que ele não merecia o meu perdão. Há pouco tempo, voltei a falar com ele, e o perdoei.

No fundo, carreguei muito as dores da minha mãe e, por muitos anos, vivi a vida dela, o que gerou uma mágoa pelo meu pai. Na verdade, não era pelo pai mas pelo marido da minha mãe. Talvez eu tenha sido, por uns bons anos, o marido da minha mãe e meu pai se tornou meu inimigo. Ao mesmo tempo, inconscientemente, sentia raiva da minha mãe por não deixar meu pai ser meu pai.

Como meu pai não foi presente com a minha mãe quando estava grávida de mim, sempre busquei ser vista por ele. Fui perceber isso ao mergulhar no autoconhecimento que tudo o que fiz foi para chamar a atenção desse pai. Eu procurava mostrar que eu era, apesar de ter nascido menina, uma filha legal.

Hoje, entendo que participar dos concursos de beleza (fui Miss Americana, em 1989, Miss Alagoas, em 1990, e participei do Miss Brasil no Ilha Porchat, em Santos, em 1990) e ganhar era para, no fim das contas, tirar uma foto com ele e fazê-lo sentir orgulho de mim. Escutei a vida inteira Zé Lopes (nome do meu pai) pela boca da minha mãe. Ela dizia que eu era parecida com ele e, como ela falava que ele era ruim, odiava que ela me comparasse, pois eu não era uma pessoa ruim, nem ele, mas acabei me achando por muitos anos. Tudo isso foi formando em mim a matriz da vida.

ELIANA PIGATTO

MATRIZ DA VIDA

A comunicação é algo invisível, mas que tem papel fundamental na construção das experiências de nossas vidas. Toda comunicação que chega até nós, interna ou externamente, define as nossas experiências e resultados. A primeira forma de comunicação que chega até um ser humano é durante a gestação – pensamentos, palavras, comportamentos e sentimentos dos pais, especialmente da mãe – que começam a construir os Programas Emocionais que, mais tarde, conduzirão nossa forma de pensar, sentir e agir. E, consequentemente, nossa forma de nos comunicar também.

Todos nós aprendemos de duas principais maneiras. O aprendizado mais comum e menos eficaz, mas o mais praticado pela sociedade, é pela repetição. Porém, existe outra maneira, muito mais forte, rápida e profunda de gravarmos uma informação no nosso cérebro emocional, que é por meio de fortes impactos emocionais, tanto positivos quanto negativos.

Portanto, todas as vezes que vivenciamos experiências que mexem muito com as nossas emoções, estamos necessariamente gravando um aprendizado em forma de circuitos neurais privilegiados, que mais tarde usaremos como referência para os nossos futuros pensamentos, sentimentos e comportamentos. E os resultados que temos em nossas vidas pessoais e profissionais nada mais são do que a somatória dessas trilhas neurais, que mais tarde formam a grande tela da nossa realidade.

Essa tela pode se traduzir em pais, esposa(o), filhos, chefe, amigos ou qualquer outra pessoa com quem nos relacionamos e nas quais acabamos projetando todos os registros que foram gravados em nosso cérebro emocional, seja por repetição de tudo aquilo que vemos, ouvimos, pensamos e sentimos, ou por fortes impactos emocionais experimentados. Com tudo o que recebemos de comunicação, produzimos um pensamento (imagem). Por meio do estímulo desse pensamento, geramos um sentimento (emoção) e, com a repetição ou o forte impacto emocional, gravamos os Programas Emocionais no nosso cérebro emocional, os quais geram nossos comportamentos.

A partir daí, nossos comportamentos também se tornam uma comunicação, reiniciando e reforçando todo o processo, ou seja, criando a Matriz da Vida. A seguir, alguns exemplos de matriz da vida.

1. Gestação
- **Situação:** mãe com medo de não dar conta do papel de mãe.
- **Comunicação:** medo.
- **Pensamento:** "Minha mãe está com medo e eu sou culpado".
- **Sentimento:** medo e culpa.
- **Programa emocional:** "Eu faço mal à minha mãe, portanto não mereço ser feliz".
- **Comportamento:** autossabotagem por meio de doenças e comportamentos que destroem tudo o que realiza na vida por não se sentir merecedor.

2. Infância
- **Situação:** nascimento do irmão, a mãe dedica mais tempo para o bebê recém-chegado;
- **Comunicação:** perda de exclusividade e abandono;

- **Pensamento:** "Minha mãe não se importa mais comigo";
- **Sentimento:** rejeição, medo, tristeza ou raiva;
- **Programa emocional:** "Minha mãe não me ama mais, está me rejeitando";
- **Comportamento:** competitividade excessiva, insegurança, perfeccionismo e autossabotagem (não mereço).

Da mesma forma que a comunicação cria os Programas Emocionais, ela é o principal estímulo (gatilho) para a reprodução desses programas durante toda a nossa vida. Todo tipo de comunicação carrega sentimentos que podem acessar Programas Emocionais de dor ou prazer, de fracasso ou realização, sendo responsáveis por nos impulsionar ou paralisar. Sempre que um indivíduo recebe um estímulo (gatilho), interno ou externo, acessa determinados Programas Emocionais já previamente gravados em seu cérebro emocional.

Todo tipo de comunicação tem força e energia, gera emoção, ação e reação. A ciência comprova que, para cada palavra, o cérebro ativa a produção de hormônios que podem causar bem-estar e prazer ou estresse e desconforto. Ler, pensar, verbalizar ou escutar palavras já é o suficiente para disparar respostas hormonais (emocionais) em uma pessoa, já que todo o seu conteúdo existe internamente, desde a gestação, e precisa apenas de estímulos para serem despertados e vivermos toda a história de novo, e de novo, algumas vezes, apenas trocando os personagens.

Toda comunicação – atitudes, palavras, emoções e comportamentos – que chega de fora, de outras pessoas e situações, nos estimula a acessar nossos próprios Programas Emocionais.

Quando você recebe uma crítica de seu chefe ou esposa(o), automática e inconscientemente, entra em contato com todas as suas memórias (Programas Emocionais) relacionadas a isso, que vêm desde a infância, como por exemplo quando seu pai gritava com sua mãe durante a gestação. Se esses Programas Emocionais não são bem elaborados dentro de você, é natural que acesse emoções e comportamentos negativos imediatamente. Conseguimos sentir a mesma alegria ou tristeza de pessoas que nos cercam, pois estamos conectados a elas por meio de Programas Emocionais semelhantes.

Da mesma maneira, quando você ouve falar em casamento ou divórcio, inconscientemente acessará as histórias relacionadas, desde o casamento dos seus pais, à reflexão sobre o próprio casamento ou o fato de não ter conseguido se casar. Por exemplo, se está vivendo um casamento infeliz e não tem coragem de se separar, certamente será afetado por todo divórcio que entrar em contato, podendo se sentir frustrado ou tomar uma atitude para se separar. Se você vive um casamento feliz, por outro lado, pode se sentir triste toda vez que entra em contato com um divórcio, em razão da perda que acha que o outro está sofrendo.

Os estímulos internos são nossos pensamentos e emoções, que nascem de Programas Emocionais gravados profundamente em nosso cérebro emocional durante nossa gestação. Normalmente, surgem dos estímulos externos, que iniciam todo o nosso diálogo interno: o que pensamos, sentimos e acreditamos diante de cada estímulo que chega até nós. A partir dos Programas Emocionais despertamos, inconscientemente, nossos pensamentos, sentimentos e comportamentos. A forma como interagimos com as situações do dia a dia, como uma discussão, crítica ou frustração, também funciona como estímulos internos, que nos fazem acessar outros Programas Emocionais.

Quantas vezes você já se estressou ou se irritou com uma pessoa, mesmo sabendo que não tinha tantos motivos para isso? Muitas vezes, o comportamento de uma pessoa nos gera uma resposta emocional negativa desproporcional, e essas situações acontecem quando nos conectamos com algum ponto negativo da personalidade que rejeitamos – nossa sombra. Essa pessoa, naquele momento, reflete algo que não temos e gostaríamos de ter, ou algo que temos em nós e não aceitamos. Ou, então, acaba repetindo alguma característica dos nossos pais que não aprovamos lá atrás ou que nos machucou muito. Esse mecanismo é totalmente inconsciente e, quando percebemos seu funcionamento, é possível evitar muitos conflitos.

PROGRAMAS EMOCIONAIS

A partir do nascimento, cada pessoa desenvolve a própria forma de interagir com cada uma das emoções, de acordo com as experiências de vida e interpretações intrauterinas. Essas respostas são chamadas de Programas Emocionais, padrões que cada ser humano registra e usa para reagir aos estímulos que recebe, para se proteger de uma possível rejeição e/ou obter amor e aceitação, despertados por estímulos internos ou externos, positivos ou negativos.

Por exemplo, enquanto uma explosão de raiva pode provocar medo e mágoa em uma pessoa, outro indivíduo pode responder a essa mesma situação por meio de ira e agressividade. Ou, então, uma criança que só tinha atenção e amor dos pais quando ficava doente pode interpretar que só será amada e terá um pouco de atenção se ficar doente, desencadeando uma série de doenças e acidentes ao longo de sua vida.

Alguns dos Programas Emocionais são apenas repetição de histórias, em que a criança entende que, para se sentir amada, aceita e mais próxima dos seus pais, precisa repetir os comportamentos de seus pais – que, na maioria das vezes, são destrutivos.

Isso significa que cada pessoa desenvolve um Programa Emocional diferente diante de determinada emoção e situação, porque cada ser humano é único. O grande problema é que os Programas Emocionais são mecanismos totalmente inconscientes e, consequentemente, a maioria dos comportamentos humanos é inconsciente ou incontrolável. Enquanto o ser humano não buscar uma nova compreensão sobre as origens dos seus comportamentos, não conseguirá reprogramá-los, passando a ser refém deles ou se autossabotando dia após dia.

Se durante a gestação ou os primeiros anos de vida a pessoa interpretou que foi rejeitada ou que não era amada, por exemplo, ela pode crescer com dificuldade de cultivar o amor-próprio e de amar a vida como um todo. Essas interpretações ficam armazenadas no cérebro emocional da pessoa e podem se manifestar em qualquer momento, bom ou ruim, de sua vida.

Nesse sentido, o grande objetivo do MÉTODO ID (Imersão Presencial de três dias) é identificar os Programas Emocionais que estão no cérebro emocional de cada pessoa, para que possam ser reprogramados, gerando respostas e comportamentos mais conscientes e realizadores.

PROGRAMAS EMOCIONAIS NEGATIVOS

Pensamentos, sentimentos, comportamentos e palavras negativas fazem você entrar em contato e reforçar seus Programas Emocionais Negativos, que foram gravados desde sua concepção: durante a nossa gravidez e infância, ouvimos e vemos informações, registrando-as de acordo com a nossa capacidade de interpretação daquele momento. Programas do tipo "eu não sou capaz", "eu não consigo" e "eu não mereço" são coisas que um dia você viu, ouviu ou sentiu de alguém e acreditou que era verdade (interpretação).

Se não acessarmos e questionarmos esses Programas, eles se cristalizam como verdades absolutas, tornando-se guias de nossas vidas e definindo nosso presente e futuro.

PROGRAMAS EMOCIONAIS POSITIVOS

Por outro lado, quando você pensa, sente, se comporta ou diz palavras relacionadas à realização – como "sou capaz", "eu consigo", "eu mereço" e "acredito em mim" –, acessa e reforça Programas Emocionais Positivos. Se ouvimos e interpretamos como palavras positivas e frases de motivação durante nossa gestação e infância, recebemos afeto, reconhecimento e amor. Ainda, se tivermos Programas Emocionais negativos corrigidos, desenvolvemos nossa autoestima de forma positiva e crescemos mais confiantes e confortáveis para ser quem realmente somos e realizarmos tudo o que carregamos em nossa alma.

CONSCIÊNCIA DOS PROGRAMAS EMOCIONAIS

Comece a perceber o que você comunica e seu diálogo interno: você verbaliza mais palavras de realização ou de incapacidade? Você tem o hábito de agradecer ou de reclamar? Você se critica ou se elogia (você e os outros) com mais frequência? De quem ouviu as frases que você costuma dizer ou pensar? Onde você as aprendeu?

DESCONSTRUINDO PROGRAMAS EMOCIONAIS LIMITANTES

Identifique, de maneira consciente, qual é o Programa Emocional que mais limita sua vida. Sem se importar de onde veio, questione esse programa e verifique se realmente atua em todos os momentos de sua vida.

Se o seu Programa Emocional identificado for "eu não sou capaz", pergunte-se: eu realmente nunca fui capaz? Não fui capaz de realizar nada do que me propus a fazer? Quantas coisas já realizei? Por outro lado, se você acredita que a vida é muito dura e ruim, reflita: minha vida é tão difícil assim? Em todas as áreas? Quantas coisas faço com facilidade e tenho sucesso?

Desconstrua todos esses Programas Emocionais com fatos, mostrando a você mesmo que nada é uma verdade absoluta. Perceba, desde já, que tudo é uma questão de significado.

REFORÇANDO PROGRAMAS EMOCIONAIS CONSTRUTIVOS

Agora, pense sobre seus Programas Emocionais que mais trazem segurança e coragem. Lembre-se de todas as vezes que pensou ou ouviu "você é capaz", "você é inteligente" ou "a vida é maravilhosa" e reforce esses Programas Emocionais relembrando situações que as confirmem e que façam você pensar e sentir positivamente. Relembre todas as suas conquistas e fortaleça ainda mais isso dentro de seu cérebro emocional.

FERIDAS EMOCIONAIS DA INFÂNCIA

Senti-me completamente sem ser vista e abandonada pelo tempo que minha mãe demorou para tomar conhecimento da minha gestação. Sinto que minha mãe passou os nove meses sozinha, apesar de todo apoio da família. E ao ouvir do meu pai que a culpa era dela por engravidar, podemos citar aqui feridas emocionais que minha mãe acessou e herdei, automaticamente, por senti-las.

Essas feridas emocionais me acompanharam a vida inteira nas relações que eu tive, sejam amorosas, profissionais e de amizade. Como uma sombra que torna nítido o que é preciso olhar e ressignificar. Todos nós carregamos feridas emocionais, mas uma ou duas delas são mais fortes e deixam sequelas. No meu caso, foram abandono, culpa e rejeição.

Todos os sofrimentos do ser humano podem ser condensados em seis feridas principais. As interpretações e experiências dolorosas que se desenvolvem desde a vida intrauterina até, especialmente, os sete anos de idade, moldam as feridas emocionais de uma pessoa.

ABANDONO

Um dos maiores medos na infância é o medo da ausência dos pais, o medo do abandono. O bebê ou a criança não consegue separar fantasia de realidade, não consegue quantificar o tempo – interpretando as ausências como sinônimos do abandono absoluto. Para as crianças que realmente viveram experiências de negligência na infância, as marcas deixadas são ainda maiores.

100% VOCÊ

Esse tipo de ferida gera um grande medo do abandono e da solidão, acarretando uma série de Programas Emocionais destrutivos no ser humano adulto:

- A pessoa abandona para não ser abandonada (pessoas e projetos).
- A pessoa atrai situações para abandoná-la e confirmar sua ferida.
- A pessoa torna-se dependente emocional das outras pessoas.
- A pessoa é ciumenta e possessiva, acredita que, controlando o outro, não correrá o risco de ser abandonada.
- A pessoa coloca a máscara de boazinha, sempre agradando todo mundo para se sentir aceita e não ser abandonada por mais ninguém.
- A pessoa se faz de vítima para manipular os outros.
- A pessoa não se sente merecedora de nada.

Esses são apenas alguns exemplos do que a ferida causada pelo abandono pode causar. As pessoas que tiveram experiências de abandono na infância terão de aprender a ser a melhor companhia para si mesmas, e perceber quais foram os reais motivos de seus pais a terem abandonado. Em grande parte dos casos, a mãe ou o pai que abandonou o filho não foi por maldade ou por vontade própria, mas sim pais que preferiram sentir a dor e a saudade pelo resto da vida a ver seu filho sofrendo a seu lado.

REJEIÇÃO

Talvez essa seja uma das maiores dores que um ser humano pode sentir. Não se sentir amado e aceito pelas pessoas é uma ferida profunda que é formada quando a criança não foi ou não se sentiu suficientemente amada e acolhida pelos seus pais. Como não teve o amor das pessoas mais importantes da sua vida, que tinham o papel de cuidar dela e amá-la, cresce com o sentimento que não merece mais o amor de ninguém. Gravidez não planejada, tentativas de aborto, maus-tratos na infância, depressão materna, pais ausentes, irmãos mais velhos e comparações excessivas são exemplos de situações interpretadas como rejeição por um bebê ou pela criança.

Situações de *bullying* na escola também são interpretadas pela criança como rejeição. A partir da depreciação da própria imagem, entende que não é merecedora de afeto e que não possui atributos suficientes para ser aceita pela sociedade.

Dicas para quem passou pela rejeição:

- Ressignifique sua rejeição.
- Colha e cuide da sua criança dando a si mesma o que sempre esperou das pessoas.
- Mude a perspectiva, ou seja, pare de focar no abandono iminente.
- Arrisque tomar as próprias decisões sem precisar da opinião do outro.
- Pratique o amor-próprio.
- Perdoe seu passado e tudo o que você vivenciou.

CRÍTICA E HUMILHAÇÃO

Esta ferida é gerada no momento em que sentimos que nossos pais ou os outros desaprovam e nos criticam. É uma ferida pela qual passamos porque temos uma tendência de olhar para fora e automaticamente buscar no outro o culpado por tudo que nos acontece.

Alguns pais batem, brigam ou chamam a atenção dos filhos em público, comparam ou nos inferiorizam-nos constantemente, fazendo com que se sintam expostos e humilhados na frente de todos. Para se protegerem dessa dor, desenvolvem Programas Emocionais que lhe protegerão da crítica e humilhação, como:

- Tornam-se pessoas críticas e exigentes com tudo e todos, a melhor defesa dessas pessoas é o ataque.
- São pessimistas e vivem reclamando.
- Cobram perfeição de si mesmas para não serem criticadas.
- Têm necessidade de inferiorizar e humilhar o outro em público, seja filho, subordinado, parceiro, amigos e pais.

Dicas para quem foi muito criticado e humilhado:

- Trabalhe a autoaceitação e aprovação;
- Aprenda a lidar com os erros e os entenda como parte do seu processo até chegar à vitória;
- Procure se policiar e não repetir os erros dos seus pais;
- Perdoe seus pais; provavelmente agiram assim porque foi a maneira que aprenderam com os pais deles de ajudar ou educar os filhos.

TRAIÇÃO

Este sentimento brota na criança quando ela se sentiu traída uma ou mais vezes por um de seus pais, principalmente quando não cumpriram suas promessas ou quando existiu traição no casamento dos pais e esta se sente traída também, toma as dores de um deles.

A partir disso, desenvolve uma série de Programas Emocionais, como:

- Medo de ser traída.
- Ciúme em excesso, evitando se relacionar.
- Falta de confiança nas pessoas e no mundo.
- Controladora, querendo tudo sob o seu comando.
- Sentimento de raiva por querer o que é dos outros.
- Necessidade de trair para não ser traído.

Dicas para quem se sentiu ou foi traída:

- Perdoe a quem causou essa sensação em você;
- Perdoe-se, procure ajuda terapêutica para fazer isso;
- Volte a confiar nas pessoas, sem medo de se machucar;
- Delegue mais para não ser tão centralizadora;
- Pergunte, ao perceber que está desconfiado de algo ou de alguém, "tem sentido isso ou só estou trazendo a minha memória para o presente?".

100% VOCÊ

INJUSTIÇA

Este sentimento vem quando a criança convive com pessoas frias e autoritárias. Normalmente, relacionam-se por meio do poder e não do amor. A educação é rígida e as crianças injustamente são acusadas ou punidas por coisas que não fizeram.

Este tipo de ferida gera uma grande necessidade de vingança ou de ser justo, e desenvolvem Programas Emocionais, como:

- Sentimento de impotência e inutilidade.
- Falta de energia para começar projetos.
- Injustiça com os outros.
- Inflexibilidade por não saber lidar com injustiças.
- Ganho de poder para não serem punidas por ninguém.
- Busca da perfeição.
- Sem confiança nas decisões.

Dicas para quem se sentiu ou foi injustiçada:

- Perdoe seus pais pela forma que educaram você.
- Não repita isso com seus filhos.
- Trabalhe a autoconfiança.
- Seja menos rígida com você.
- Não se critique quando não conseguir fazer as coisas, você deu o seu melhor e, em outra oportunidade, pode fazer melhor ainda.
- Trabalhe flexibilidade e confiança nos outros, mas não dependa deles.

SUPERPROTEÇÃO

Essa ferida é gerada por crianças que não ouviram a palavra "não", que não tiveram limites e possuíam tudo o que queriam. Os pais, na tentativa de suprir a ausência ou de dar o melhor, acabaram cuidando excessivamente e não ensinaram os filhos como lidar com as frustrações da vida. Podam seus filhos para enfrentar as circunstâncias da vida.

Os Programas Emocionais desenvolvidos a partir disso são:

- Insegurança e falta de autoestima.
- Dificuldade de assumir responsabilidades.
- Controle e desejo de domínio da situação (mimo).
- Dificuldade de compartilhar e egoísmo.
- Dificuldade de seguir regras.
- Facilidade para desistir dos projetos.
- Busca pelo prazer para fugir da dor.
- Dificuldade de superar frustrações e perdas da vida.

Dicas para quem foi superprotegido(a):

- Tome consciência que cresceu.
- Entenda que os pais não são eternos.
- Aprenda a lidar com erros e frustrações.
- Participe de ações sociais para desenvolver o altruísmo.
- Pergunte, ao se perceber teimoso(a), quantos anos tem esta criança que está fazendo birra e dizer a ele(a) que cresceu e não precisa mais deste comportamento.

ACEITAÇÃO DAS FERIDAS EMOCIONAIS

Cada ferida nos ensina coisas importantes, porém não vemos dessa forma porque o nosso cérebro emocional cria uma barreira de proteção para esconder essas feridas, com mecanismos de defesa para nos proteger de sentir novamente as mesmas dores.

Escondemos nossas feridas porque tememos encará-las e reviver a mesma dor. Com isso, aprendemos a usar máscaras, criar mecanismos de defesa e agravar as consequências do problema que temos, pois deixamos de ser nós mesmos.

Para começar a se curar disso, é preciso aceitar as feridas e os mecanismos que criamos para nos proteger. Essa é a nossa história de vida e não podemos mudá-la, e cada vez que não aceitamos o que nos aconteceu, rejeitamos a nós mesmos. É muito importante perceber os aprendizados que tivemos com estas experiências dolorosas e perceber de que forma nos protegemos dessa dor até hoje. Tudo aquilo que resistimos, persiste.

IDENTIFIQUE E ANOTE OS GATILHOS

Para curar suas feridas emocionais, é preciso ter consciência de como e quando determinados gatilhos são ativados, ou seja, quando nosso cérebro emocional dispara os programas, para evitarmos reagir de forma automática e negativa.

Normalmente, as emoções e sentimentos associados às feridas são medo, tristeza, raiva, ansiedade, desânimo, irritabilidade, decepção, arrependimento, culpa, angústia, vergonha, injustiça etc.

- **Gatilhos internos:** memórias, cheiros, gostos, crenças, frustrações, expectativas, mágoas, ciúmes, medos etc.
- **Gatilhos externos:** ambientes, acontecimentos, lugares, pessoas, cenários, conversas, tarefas.

Sempre que alterar seu estado emocional para o negativo, perceba o que aconteceu momentos antes (gatilhos), anote e comece a perceber seus padrões para alterá-los.

REPROGRAMAÇÃO E MUDANÇA DE COMPORTAMENTO

Os principais Programas Emocionais negativos são construídos a partir das seis feridas emocionais vividas na vida intrauterina/infância de uma pessoa. E é no cérebro emocional que esses programas são armazenados.

A dificuldade de falar *não*, a necessidade de criticar, a ansiedade, o medo de errar, a necessidade de ser perfeito, de ser notado, a autopunição, a procrastinação, a autossabotagem etc.

Nosso cérebro tem a capacidade de processar apenas 40 informações por segundo, enquanto mais de 40 milhões de informações estão sendo processadas nesse mesmo tempo, segundo Tor Norretranders, autor do livro *The user Illusion*.

Imagine que cada trauma gera um Programa Emocional, que constrói um caminho neural, entrando de forma automática e inconsciente. Isso quer dizer que, pela repetição dos nossos programas, além de reforçar os caminhos neurais, nos mantém conectados aos nossos traumas.

O mais importante é resgatar essas memórias e experiências negativas para identificar quais situações mais marcaram nossa infância de forma negativa, quais significados foram dados e quais os Programas Emocionais foram criados a partir disso e dar um novo significado ao adulto que você é hoje.

A INTELIGÊNCIA EMOCIONAL AJUDA O SER HUMANO A LIMPAR SEU CÉREBRO EMOCIONAL DE TODOS OS PROGRAMAS NEGATIVOS QUE O FAZEM APENAS REPETIR PENSAMENTOS, SENTIMENTOS E COMPORTAMENTOS DESTRUTIVOS, PARA QUE POSSA AGIR E VIVER INSPIRADO POR UMA INTELIGÊNCIA INFINITAMENTE MAIOR, QUE SABE O QUE É REALMENTE MELHOR PARA O TODO.

5

POR QUE SINTO TANTA CULPA?

ELIANA PIGATTO

ENTENDENDO OS SENTIMENTOS COMO MARCAS DE UMA HERANÇA

Eu carregava a culpa do mundo no meu inconsciente, porque entendi que vim na hora errada e que, depois que cheguei, a vida dos meus pais desmoronou. Como adolescente, meu emocional ficou ainda mais debilitado e procurava fazer de tudo para que fosse vista e que, de alguma forma, meus pais sentissem orgulho de mim.

O sentimento de culpa era muito forte e, a cada dia, tudo se intensificava, porque carregava em mim algo que não era meu, e sim da minha mãe e do meu pai também pela situação mal-resolvida deles.

Aos 13 anos, já era uma mulher. Alta, bonita, chamava a atenção dos homens por onde eu passava. Sem meu pai e até meu irmão para me protegerem, e sem minha mãe para me orientar, fui vítima de um abuso, que não chegou às vias de fato, mas me deixou muito abalada.

Não contei nada a ninguém, muito menos a minha mãe, por receio dela não acreditar em mim, o que é comum nos pais; hoje, entendo que a negação é o primeiro comportamento dos nossos pais como se eles não tivessem sido presentes o suficiente para evitar tal acontecimento. A partir disso, inconscientemente, comecei a usar roupas largas e cores nudes para não atrair a atenção dos homens na rua e não ser vítima fácil de novo ataque.

Só que, por mais que eu tentasse esconder, minha presença chamava a atenção. Com 15 anos, comecei a namorar meu primeiro marido e, aos 18 anos, engravidei. Só que eu tinha tantos sonhos ainda, e ele também, e o principal: eu tinha pânico do que poderia acontecer caso meu pai soubesse, sem contar o medo de mais uma vez decepcioná-los. Naquele momento, não estava pronta para ser mãe nem para sair de casa. Tinha muito medo do meu pai me colocar pra fora de casa.

Então, sem ver algum tipo de saída, meu namorado disse que um amigo dele havia levado a esposa a uma clínica que fazia abortos. O meu coração pedia para que eu não fizesse isso, mas o meu medo era tanto que aceitei. Foi o dia mais triste da minha vida e, depois desse dia, nunca mais fui a mesma. Durante 27 anos da minha vida, carreguei em silêncio esse aborto, até ter um câncer de mama.

Depois do aborto, fiquei muito abalada por alguns dias, mas não podia demonstrar nada a ninguém ou deixar que percebessem que não estava bem. Continuei a minha vida, mas com uma dor imensa dentro de mim. Os únicos que sabiam eram meu namorado e um casal de amigos.

Quando estava finalizando o ensino médio, eu participava da turma de basquete do colégio. Sempre gostei de esportes. Em um dos jogos, um rapaz que estava presente na plateia veio conversar comigo depois do término da partida e me convidou para entrar em um concurso de beleza. Confesso que fiquei surpresa com o convite, mas aceitei. Vi ali uma chance de ser reconhecida e dar uma guinada em minha história.

No concurso, me classifiquei em 3º lugar. Depois, concorri a uma vaga de Miss Americana, e ganhei; em seguida, participei do Miss Estado para, finalmente, concorrer a uma vaga do Miss Brasil, no Ilha Porchat, no qual ganhei a vaga de Miss Alagoas.

Paralelo a essa etapa dos concursos, passei no vestibular para o curso de Nutrição. Não era a minha primeira opção, mas a minha mãe me convenceu. Ela dizia que as empresas estavam contratando nutricionistas e que eu ganharia muito dinheiro trabalhando na área. Cedi à vontade dela para agradar. O que pretendia mesmo era fazer Psicologia.

Acontece que, nesse momento, meu pai participou de um acordo coletivo na empresa em que trabalhava e guardou todo o dinheiro na poupança para que não passássemos necessidade. Ele já estava aposentado e queria se dedicar mais à função de árbitro. Porém, era o governo do Presidente Fernando Collor de Melo e, com o Plano Collor, todo o dinheiro dele ficou preso. A nossa situação ficou realmente muito complicada financeiramente.

Então, minha mãe me perguntou se realmente eu queria prosseguir a faculdade que ela faria lanches para eu vender no caminho e no campus. Com o dinheiro do lanche, conseguiria pagar a mensalidade e ainda comprar o material para as aulas. Mesmo a contragosto, aceitei o convite dela, não poderia desistir naquela etapa da minha vida.

Digo a contragosto, porque meu irmão dormia o dia todo e eu tinha acabado de ser eleita Miss Americana, e vender lanche na faculdade não era o que eu esperava fazer naquele momento. Mas não tive outra saída.

No caminho até Piracicaba, vendia os lanches dentro do ônibus. Na faculdade, no intervalo. Enquanto minhas amigas passeavam e paqueravam, eu abria a toalha no meio do campus e vendia os lanches. Com o tempo, as pessoas batiam na janela da sala para comprar o lanche, nem precisava ir atrás dos fregueses. Vivi essa realidade por quatro anos.

Minha média de venda era em torno de 200 lanches por dia. Graças a isso, consegui pagar a faculdade e a minha formatura. Além disso, sustentei a casa dos meus pais durante todo esse tempo, já que todo o dinheiro que ganhava ficava com a minha mãe.

Tudo isso que eu fazia era porque me sentia culpada por ter vindo ao mundo e, de maneira inconsciente, era como seu eu tivesse que pagar por isso. Já meu irmão continuava sem fazer nada e ainda arrumava uma maneira de brigar comigo diariamente.

POR QUE A MAIORIA DE NÓS CARREGA CULPA E O NÃO MERECIMENTO?

A mãe sente medo, dores e culpa desde o momento em que decide (ou descobre) que quer ser mãe. Tendo planejado ou não a gravidez, ela sente medo, tristeza, raiva, solidão e culpa. No momento do nascimento, além da dor emocional, existe a dor física, independentemente da maneira que deu à luz. O bebê, incapaz de compreender o que está acontecendo, se sente responsável pela dor da mãe, como se ele fosse o causador, sentindo culpa e interpretando que não merece viver ou ser feliz.

Dessa forma, a culpa se torna uma ligação entre o ser humano com a sua mãe. As experiências de sua infância e de vida podem intensificar ainda mais esse sentimento, gerando mais culpa e dores. Como alguém pode se sentir merecedor de amor e felicidade se, enquanto bebê, interpretou que ele fez mal e causou dor à pessoa que ele mais ama? Se, a partir de sua perspectiva de bebê, ele cometeu tal injustiça, precisa ser punido.

Além das vivências intrauterinas, a relação com a culpa se intensifica ainda mais na infância. Quando crianças, somos ensinados a nos sentirmos culpados e envergonhados ao cometermos um erro: "É culpa sua, você deveria sentir vergonha de ser assim". Aprendemos que precisamos ser punidos e que precisamos nos sentir mal. E é esta percepção que levamos à nossa vida adulta: a cada erro, temos a necessidade de achar culpados, ainda que nós mesmos, e se não sofrermos com essa sentença, nos culpamos ainda mais.

Existem também os casos reais, em que os pais ou cuidadores culpam as crianças por determinadas situações, muitas vezes, injustamente. Irmãos mais velhos normalmente acabam levando a culpa sem motivos, apenas porque os pais acham que o mais velho precisa sempre ceder em relação ao mais novo. Ou então, é comum vermos pais culpando seus filhos pela separação do casal ou pelos problemas financeiros e assim por diante.

CULPA E AUTODESTRUIÇÃO

Pessoas que carregam culpa e não se sentem merecedoras, inconscientemente destroem tudo em suas vidas como forma de se punir constantemente para pagar a dívida, ou então, mesmo quando conseguem realizar algo, não validam ou reconhecem nada do que conquistam, quando, na verdade, o que precisam verdadeiramente é apenas se perdoarem.

Algumas se autoflagelam fisicamente, enquanto outras destroem tudo nas próprias vidas como forma de se punirem: acabam com relacionamentos, família, carreira e dinheiro. Essa forma de destruição pode ser tão séria quanto a física, pois é capaz de levar a pessoa ao fracasso e, muitas vezes, envolve outras pessoas. Quando ela está prestes a alcançar o sucesso, de alguma forma, dá um passo para trás, pois não se sente merecedora.

O sentimento de culpa traz uma carga extremamente negativa em relação ao que a pessoa pensa sobre si mesma. Logo, alguns pensamentos invadem sua mente: "Eu sou errado", "Sou incapaz", "Vivo cometendo os mesmos erros", "Preciso errar para aprender". E são essas crenças que fazem com que ela continue criando situações para se sentir assim. E o ciclo se repete infinitamente, até que a compreensão e o perdão a libertem desse círculo vicioso.

A inteligência emocional ajuda o ser humano a limpar seu cérebro emocional de todos os programas negativos que o fazem apenas repetir pensamentos, sentimentos e comportamentos destrutivos, para que possa agir e viver inspirado por uma inteligência infinitamente maior, que sabe o que é realmente melhor para o todo.

CONVIVENDO COM A DOR

Em vez de buscar alternativas e possibilidades, a culpa não permite que você se responsabilize pelo erro, fazendo com que aprenda a conviver com ela, já que a única coisa que tem a fazer é sentir-se mal e culpado. E é essa percepção que nos impede de aprender com nossos erros e adotar comportamentos diferentes em vez de apenas repetirmos os mesmos erros. No momento em que a culpa ocupa nossa mente, ela bloqueia a motivação que precisamos para agir diferente, para criar experiências e até mesmo novos erros.

TROQUE A CULPA POR RESPONSABILIDADE

Perceba a total diferença entre ser culpado e ser responsável. A responsabilidade é uma escolha que traz emoções positivas e poder de mudança, faz com que você se perceba como potente, ativo e motivado. A culpa, por sua vez, é uma emoção negativa que paralisa e faz com que você fique aprisionado no passado, e sem nenhum poder de ação no presente para mudar o que somente você poderá mudar na sua vida.

A REALIDADE PÓS-FORMATURA

Depois da formatura, resolvi que não trabalharia como nutricionista. Como Miss Americana, estava concorrendo naquele momento como Miss Alagoas e ganhei o concurso. A premiação era uma visita à cidade de Maceió, com tudo pago. Não podia perder a oportunidade; afinal, era o prêmio que eu recebia pelo meu esforço vendendo lanches por quatro anos.

Lembro-me de que minha avó pediu que não fosse viajar, mas sentia que tinha direito àquela viagem. Fui assim mesmo. Durante a viagem, minha avó foi hospitalizada e, como já estava com 82 anos, o estado era muito crítico. Assim que voltei de viagem, ela faleceu.

A morte da minha avó me deixou realmente sem chão. Fiquei arrasada e completamente perdida. Ela era meu porto seguro, a que me entendia, que me amava, a que me apoiava. Sentia-me perdida depois de sua partida. Levei dez anos para superar a morte dela. O sentimento de culpa ficou impregnado em mim. Se eu não tivesse ido viajar, talvez ela não tivesse ficado doente.

Casei-me com 25 anos, e 5 meses depois, engravidei da minha segunda filha, Victoria Elisa. Foi a maior emoção que eu senti na minha vida naquele momento. Hoje, vejo que eu ainda estava na dor, na culpa e no vazio de não ter tido o primeiro filho, como se essa gravidez viesse para eu me perdoar pelo que fiz.

Minha filha nasceu, e foi um dos momentos mais importantes da minha vida. Eu e o pai dela estávamos bem, ficamos muito felizes. Ela foi a primeira neta, muito amada e mimada. Na época, eu trabalhava no Banco e sofri um assédio também e, por não aceitar continuar, fui demitida. Meu marido não ficou sabendo, pois não tive coragem de contar com medo do que ele pudesse fazer. Mas denunciei ao Regional o fato e logo o gerente foi desligado da instituição.

Consegui trabalho na Skol e fiquei lá por três anos como coordenadora dos pontos de venda. Porém, durante esse tempo, acabei me separando do meu marido depois de quatro anos de casamento. Quem carrega a dor do abandono também abandona para não passar por isso novamente.

Para continuar trabalhando, deixava a minha filha, com três anos e meio na época, com minha mãe e minha tia Marly. Eu me virava para não deixar faltar nada para ela. Ela era minha vida, tudo o que eu tinha, inclusive tenho plena consciência do quanto superprotegi minha filha e isso afetou muito sua autoconfiança.

Em 1997, enquanto ainda trabalhava na Skol, João Paulo, parceiro do cantor Daniel, morreu, e começaram alguns shows em Tributo a ele. Como eu gostava muito da dupla, resolvi me movimentar para levar o show para a cidade de Americana, onde morava.

Em dezembro do mesmo ano, no Recinto da Fidam (Feira Industrial de Americana), aconteceu o show "Tributo a João Paulo", com 25 mil pessoas. Foi uma das melhores lembranças da minha vida, não só pelo show, mas por provar que eu era capaz.

Hoje, tenho em casa um porta-retrato desse evento e, toda vez que me deparo com um novo desafio e me bate a incapacidade ou o medo, pego a foto, fecho os olhos e trago todo o recurso que usei na época e faço o que tem que ser feito.

Por conta de ter que vender lanche na faculdade e na rua, me tornei uma grande vendedora. Quis fazer uma festa bonita no meu casamento e, acostumada a vender coisas, fazia bijuterias e vendia. Com este movimento todo, não só paguei a festa como uma viagem para o Rio de Janeiro e nossa lua de mel em Porto Seguro.

O INÍCIO DO PROCESSO DE CURA INTERIOR

Quando me separei em 1998, decidi participar de um curso de autoconhecimento e lá conheci uma pessoa que também estava em processo de separação. Ficamos cinco anos juntos. Achei que, com ele, poderia finalmente ter uma vida tranquila e ser feliz. Mas não foi assim que aconteceu. Ele era muito parecido com meu pai (lógico!).

Com a nova separação, voltou a sensação de abandono e, em meio a este sentimento, acabei conhecendo o pai da minha quarta filha, Maria Eduarda. Engravidei com cinco meses de namoro e me separei quando estava com cinco meses de gestação.

A minha quarta filha nasceu quando a primeira estava com dez anos. Ao saber da minha gravidez, minha filha recebeu bem, o problema foi a reação da minha mãe. Ela disse que não queria esta gravidez, agindo como meu pai agiu com ela. Naquele dia, saí da casa dela em lágrimas e completamente perdida. Mais uma vez eu acessei o sentimento de abandono e consequentemente minha filha na minha barriga também. Percebem que, quando nossa ferida emocional não é tratada, ela vai e vem.

Lembro-me de que almoçava na casa dela todos os dias para ficar um tempinho a mais com minha filha mais velha.

100% VOCÊ

Daquele dia em diante, não voltei mais à casa de minha mãe. Para almoçar, comecei a comer em restaurantes, mas meu organismo rejeitava a comida e eu passava muito mal.

Somente quando eu estava com cinco meses de gestação, voltamos a nos aproximar, mas mantendo certo distanciamento. Minha filha trouxe no DNA dela o sentimento do abandono, tanto do pai biológico como o que sentiu com a minha mãe.

Sempre tive a sensação de que minha mãe nunca me amou de verdade. E, de certa forma, senti esse abandono com a minha terceira gravidez. No entanto, com o tempo e com os treinamentos, fui percebendo que o amor dela era de um jeito diferente. Ela não era carinhosa, mas sempre fez questão de me ensinar a ser alguém na vida, como as vendas dos lanches na faculdade e o cuidado que dedicou às minhas filhas. Só percebi isso há pouco tempo, em meio a um dos treinamentos que eu mesma ministrava, quando fui conversar com minha mãe e descobri que, apesar de não ouvir dela "eu te amo", ela demonstrava esse amor de outras maneiras, inclusive uma delas era fazendo bolo de cenoura quase toda semana.

Então, fui entender que o jeito da minha mãe amar era em atos de serviço (as cinco linguagens do amor), ou seja, era fazendo as coisas por mim que ela dizia "eu te amo".

AS CINCO LINGUAGENS DO AMOR

E aqui compartilho a receita original do BOLO DE CENOURA que a minha mãe sempre me fazia.

Bolo de cenoura

2 ou mais cenouras cruas
1 chícara de oleo
4 ovos
Bater tudo no liquidi
Numa vasilha separada colocar
2 chícaras (de chá) de trigo
2 "   "   de açucar
1 colher de (sopa) de Royal

Cobertura

1 1/2 copo americano de leite
1 chícara de açucar
3 colheres de nescau
2 " (de sopa) de margarina põe no fogo brando até engrossar a calda

Com amor
Nelly

100% VOCÊ

Todo ser humano é único, o que, muitas vezes, deixamos passar e acabamos não dando importância é justamente para as particularidades de cada um, colocando a nossa maneira de enxergar o mundo ao nosso redor como prioridade sobre as outras pessoas.

Pois bem, a partir do momento em que passamos a observar aqueles que nos cercam, seu jeito de agir e se expressar, temos a possibilidade de estabelecer com esses uma comunicação muito mais eficiente e assertiva, que pode gerar resultados altamente positivos para ambas as partes.

Segundo Gary Chapman (1992), autor do livro *As cinco linguagens do amor*, as principais formas que utilizamos para nos expressar, quando o assunto é relação interpessoal, são:

1. Palavras de afirmação

Elogios, frases de admiração, incentivos verbais e agradecimentos fazem parte das Palavras de Afirmação. Pessoas com essa linguagem do amor aprenderam a se sentir benquistas quando são reconhecidas dessa forma. Então, se você conhece alguém que tem essa linguagem como dominante, não poupe reconhecimentos verbais. Agradeça pelos trabalhos feitos, elogie a pessoa diariamente e expresse verbalmente que a admira. Quando elogiamos alguém, ou agradecemos, estamos reconhecendo as coisas que essa pessoa faz. O reconhecimento é essencial. Ele nos deixa motivados, felizes e com vontade de repetir os mesmos comportamentos que geraram os elogios — quem não gosta de escutar algo positivo?

2. Tempo de qualidade

Algumas pessoas gostam de estar na companhia das pessoas que amam. Elas aprenderam que ficar juntos é a forma que temos para demonstrar nosso amor. Por isso, gostam de ir a passeios, assistir a filmes, jogar, cozinhar etc. O importante é ficar perto de quem gosta e aproveitar o momento. É claro que sempre podemos inovar; isso é muito divertido e ajuda a sair da rotina. Entretanto, fazer alguma coisa juntos é o principal. Lembre-se: passar um tempo na companhia de outra pessoa mostra que você está se dedicando a ela. Essa pessoa pode se sentir amada pelo fato de você abrir mão de outras coisas só para fazer um programa em conjunto.

3. Presentes

A linguagem do amor "Presentes" é um pouco óbvia, não é mesmo? Ela é a principal linguagem de pessoas que aprenderam que são amadas quando recebem algum presente. E lembre-se, o mais importante é dar o presente, não o valor dele. Quando damos um presente, mostramos que nos lembramos da pessoa. É nesse momento que ela se sente amada. Não tem a ver com o preço, ou com o quão fabuloso ele é. Se você ganhou uma bala no trabalho, por exemplo, e sabe que ela é a preferida do seu parceiro, que tal guardar e dar para ele mais tarde? Tenho certeza de que ele vai adorar — principalmente se sua principal linguagem for essa.

4. Atos de serviço

Pessoas que têm como linguagem do amor predominante a de "Atos de Serviços" se sentem amadas quando alguém faz algo por elas. Pode ser lavar um copo, fazer o almoço, arrumar a casa, preparar o banho etc. Aqui temos uma visão mais prática. O que importa é o que você faz no dia a dia, não o que fala. Quando fazemos um serviço, mostramos que nos importamos com a pessoa e que queremos ajudá-la. Essa atitude é o que transmite amor para quem tem "Atos de Serviço" como linguagem predominante.

5. Toque físico

"Toque físico" é a linguagem que mais gera dúvida nas pessoas. Então, antes de falarmos dela, eu preciso deixar uma coisa bem clara: homens e mulheres amam sexo. É gostar de fazer, de falar, de ver e de ouvir. Entretanto, gostar de sexo não significa que sua principal linguagem é "Toque físico". É a linguagem do amor de quem se sente amado ao receber toques das outras pessoas. Esses toques podem ser carinhos, massagem, abraços, cafuné e, claro, sexo. O importante é o contato físico com as pessoas que ama.

Na prática, nós conhecemos bem cada uma dessas linguagens e até nos valemos delas em nosso dia a dia. Falando assim, parece até que se trata de algo bem simples, e de fato o é. Entretanto, para que as linguagens do amor sejam bem empregadas e efetivas, é necessário manter-se sempre atento, observando tudo e todos ao redor.

Cada indivíduo possui sua linguagem principal e, mesmo que alguém diga "eu te amo" em alguma das outras quatro linguagens, a pessoa não identificará essa expressão de amor. Por isso, é importante saber usar a linguagem correta e se exercitar dia após dia para conhecer os dialetos pelos quais a sua expressão é realmente absorvida.

SOMOS UM TURBILHÃO DE EMOÇÕES

As emoções básicas do ser humano são medo, raiva, tristeza, alegria e amor. Elas são geradas e desenvolvidas ainda na vida intrauterina. É cientificamente comprovado que os sentimentos, pensamentos e emoções dos pais são transferidos para o bebê durante a gestação. Entenda como as emoções agem de maneira automática e inconsciente em nossas vidas:

- **Medo:** mecanismo de proteção contra perigos reais ou criados pelo cérebro emocional.
- **Raiva:** energia de movimento que impulsiona o indivíduo

a agir para superar as dificuldades ou desafios de forma construtiva ou destrutiva.

- **Tristeza:** sinaliza alguma perda ou algo que já não faz mais sentido na vida e permite a descoberta de novas fontes de felicidade.

- **Alegria:** o que as pessoas mais buscam, funcionando como um combustível que nos ajuda a superar as dificuldades da vida e desejar viver.

- **Amor:** o que faz superar e equilibrar todas as outras emoções anteriores.

Os dois principais tipos de estado emocional são:

- **Estado emocional positivo:** emoções e sentimentos positivos (como alegria, gratidão e amor) trazem respostas de prazer que impulsionam e motivam o indivíduo, gerando grande quantidade de dopamina, serotonina e endorfina.

- **Estado emocional negativo:** emoções e sentimentos negativos (como medo, raiva, tristeza, inveja ou culpa) trazem respostas que paralisam ou instigam a fuga ou o ataque, resultando na produção de adrenalina e cortisol. Quanto mais frequente for a realização de um estímulo, mais habituado o organismo se tornará a determinadas substâncias, deixando o organismo viciado em uma emoção específica.

MEDO

Desde os primórdios da humanidade, o medo fez com que o ser humano desenvolvesse milhares de estratégias para se preservar. O homem das cavernas evoluiu para o homem moderno porque criou recursos para se proteger dos perigos que o ameaçavam.

Aprendemos que sentir medo é para os fracos, e que é preciso ser forte e corajoso. Com isso, reprimimos essa emoção vital e, quanto mais a reprimimos, mais ela se torna poderosa. Quando negamos o medo, ele produz uma energia que não se dissipa ou se transforma em ação, desencadeando doenças físicas e/ou emocionais.

Por isso, encontramos tantos homens e mulheres vivendo uma vida repleta de dores e doenças. Não existe, nem nunca existiu, no mundo, homens corajosos ou mulheres corajosas, e sim pessoas que sentiram muito medo e o transformaram em ação.

Rodrigo Fonseca (2019) diz que a primeira emoção sentida por um ser humano é o medo, quando a pessoa ainda está no útero materno. Ao sentir as emoções da mãe, o bebê se sente culpado, gerando automaticamente o medo de ser rejeitado – de não ser aceito ou amado por ela. A partir dessa experiência raiz, cada pessoa desenvolve um programa emocional para se proteger da possibilidade de ser rejeitado.

Existem dois tipos de medo: conscientes (reais), que nos protegem dos perigos, como o medo de se machucar ao saltar de paraquedas ou o medo de ser demitido após expor opiniões pessoais na empresa; e inconscientes ou emocionais (irreais), que são criados pela mente (lembranças do passado) e impedem que o indivíduo explore todo seu potencial no presente.

Um exemplo de situação na qual o medo emocional atua pode ser encontrado em pessoas que se sentem insatisfeitas em seus relacionamentos amorosos, mas insistem nessa relação que já não traz felicidade, simplesmente porque têm medo da solidão.

RAIVA

O coração acelera, os dentes cerram, o rosto fica vermelho e temos vontade de gritar, ou até mesmo de pular no pescoço do outro. Isso é a raiva em movimento no nosso corpo. Você já viu algum bebê ficar roxo de tanto chorar? É assim que eles reagem quando não têm suas necessidades atendidas. A capacidade de sentir ou reagir de alguma forma a esse sentimento faz parte de nós desde que nascemos.

Logo na infância, aprendemos que a raiva é uma emoção negativa e típica de pessoas mal-educadas e agressivas. Passamos, então, a acreditar que, se demonstrarmos nossa raiva, ninguém gostará de nós ou seremos rejeitados. Reprimimos a raiva e ela se torna ainda mais viva dentro de nós. Somos condicionados a não manifestar a raiva, mas, na verdade, deveríamos aprender como demonstrar essas insatisfações que, ao serem reprimidas, podem ser manifestadas na forma de diversos distúrbios emocionais e físicos, como depressão, ansiedade, compulsão alimentar, insônia ou até mesmo um câncer.

A principal função da raiva é nos impulsionar às mudanças. A raiva nos coloca em movimento para alterar uma situação de frustração ou de injustiça, assim como, em situações de perigo, impulsiona o ser humano a lutar e a se defender. Quando sentimos raiva por uma injustiça, é ela que nos faz estabelecer limites e nos dá energia para mudar.

Quando aceitamos a raiva como um sentimento natural, passamos a ter consciência de que não precisamos perder o controle para expressá-la, e que não precisamos machucar outras pessoas, nem a nós mesmos, deixamos o ápice dos sintomas da raiva passar antes de tomar uma atitude.

Toda vez que somos dominados pela raiva, ela se manifesta por meio da agressividade, apenas para nos proteger de possíveis perigos e injustiças. Somos agressivos com o outro ou com nós mesmos. Isso porque o calor das emoções afeta significativamente nossa função racional, e agimos de maneira primitiva.

TRISTEZA

Essa emoção normalmente está relacionada a problemas específicos, como a perda de um ente querido, uma desilusão amorosa, traumas, descontentamento profissional/pessoal ou algum conflito interior que não está bem resolvido. A tristeza é o oposto da alegria e ela rouba a energia do indivíduo.

"Não fique triste, vai passar", "Levante a cabeça e pare de chorar" ou "Chorar é para pessoas fracas". E, assim, vamos negando essa emoção que nos ensina a lidar com as perdas e decepções da vida, e ainda nos permite ficar conosco para assimilar internamente todas as mudanças que virão a partir delas. Passamos por cima das nossas dores e, em muitos casos, nos sentimos culpados por nos sentirmos tristes, já que temos tudo na vida.

A maioria das pessoas, depois de chorar, fica com uma sensação de alívio. A tristeza permite-nos descansar, recuperar as energias e nos ajuda a deixar ir o que já perdemos, o que já acabou e abrir espaço para novas experiências. Após sua expressão adequada, renovamo-nos, entregando o passado ao seu devido lugar e nos movemos para o presente, para o "aqui e agora".

ALEGRIA

A alegria é a emoção que todos nós buscamos e funciona como um combustível que nos ajuda a superar as dificuldades da vida. A alegria é uma emoção "amenizadora". São os sentimentos positivos que tornam a vida agradável e contrabalançam experiências de frustração, desilusão e afetos negativos em geral.

Esse estado emocional permite a preservação do bem-estar psicológico diante dos acontecimentos estressantes. Aprendemos que não podemos expressar verdadeiramente a nossa alegria, afinal, a inveja tem sono leve. Quantas coisas deixamos de comemorar e expressar por medo de perder ou de colocarem "olho gordo"? Por isso, vivemos em uma busca constante e nunca nos sentimos satisfeitos, não podemos expressar nossa alegria em nenhum momento ou lugar.

AMOR

O amor é a principal emoção que nós, seres humanos, precisamos desde o momento da nossa concepção, pois é somente por meio da presença da ocitocina, também chamada de "hormônio do amor", que a mulher entra em trabalho de parto e pode nos trazer à vida. Em uma pesquisa recente, foi possível relacionar o amor entre duas pessoas, uma diminuição da frequência cardíaca e da sensação de dor, apenas pelo ato de se abraçarem por mais de 40 segundos.

Por mais que todos nós amemos nossos entes queridos, não aprendemos a comunicar nosso amor, ou seja, transmiti-lo ou fazê-lo chegar ao coração, corpo e mente daqueles que amamos. O amor, para ser sentido e produzir as profundas transformações em nossas vidas, precisa ser amplamente comunicado por meio de seis principais maneiras: toque, olhar, tom de voz, atenção plena, palavras e ações.

A inteligência emocional é a capacidade de usar as emoções a nosso favor e não permitir que elas controlem nossas vidas ou, em outras palavras, nos sabotem. O primeiro passo é reconhecer que todas as emoções são importantes e úteis. A raiva avisa quando está havendo uma invasão de espaço. O medo sinaliza uma ameaça. A tristeza se manifesta quando ocorre uma perda. As emoções mostram que tem algo de errado, e o que faz de você uma pessoa emocionalmente inteligente ou não é como você lida com cada emoção e quais são as suas ações em relação a cada uma delas.

Pessoas que não desenvolvem a inteligência emocional têm respostas emocionais muito intensas, desproporcionais e negativas em relação aos acontecimentos. Quem não sabe como expressar cada emoção de forma assertiva e construtiva acaba reforçando programas emocionais negativos, que se repetem de maneira inconsciente e automática.

Enquanto não houver uma limpeza emocional, a pessoa continuará gerando respostas emocionais desproporcionais e destrutivas, reforçando ainda mais esses caminhos neurais e se tornando refém das próprias emoções. Expressar essas emoções torna a pessoa mais leve, mais equilibrada e com respostas emocionais equivalentes aos acontecimentos.

SABER DE ONDE VIEMOS, QUEM SÃO ESSAS PESSOAS QUE NÃO CONHECEMOS, MAS QUE ESTÃO NA RAIZ DE QUEM SOMOS, É UM CAMINHO FASCINANTE QUE SÓ NOS TRARÁ BENEFÍCIOS. ISSO NOS AJUDARÁ A DAR UM PASSO IMPORTANTE PARA CHEGAR A UMA COMPREENSÃO MAIS PROFUNDA DE QUAL É O NOSSO VERDADEIRO PAPEL NO MUNDO.

6
TRAZEMOS MUITO DE NOSSOS ANCESTRAIS

ELIANA PIGATTO

E A HISTÓRIA SE REPETE

Na madrugada do dia 15/12/2004, acordei e, ao levantar, uma poça de sangue escorreu pela minha perna. Eu estava dormindo com a minha segunda filha e prestes a dar à luz a Maria Eduarda. Levantei quietinha, limpei o chão, minha barriga endurecia, tomei um banho, acordei a Victoria Elisa e passei na minha mãe para deixá-la, e fui dirigindo para o Hospital "sozinha".

Não avisei o pai da minha filha. Assim que cheguei à recepção, fui direto para a cesárea. O médico disse que estava mais que na hora. Senti algo estranho no ar, minha filha nasceu às 7h15 da manhã, sem chorar, mas estava bem.

Hoje, vejo uma repetição de padrão tanto da minha mãe, quando nasceu, sendo a 13ª filha e não querendo incomodar, como minha, que ficava quietinha e era uma boa menina. Minha filha repetia a mesma história. Só que Duda não chorou ao nascer, mas chorou até os dois anos e eu mal dormia.

Ela trouxe na alma a dor da rejeição e do abandono sentida quando ouviu da minha mãe, ainda no útero, que não queria a criança. Não é que ela não queria, na verdade, não gostava do pai da minha filha (ou de qualquer homem, pois, na cabeça dela, homem era sinônimo de sofrimento) e seria mais uma criança para cuidar. Hoje, eu compreendo; na época, não entendia.

Inconscientemente, estamos ligados à pessoa que nos rejeitou pelo fato de fazer com que ela nos aceite ou nos veja. Filhos que se sentiram excluídos pelos pais ou rejeitados são os que cuidam desses pais no final da vida.

E assim, Duda também cresceu sem a presença do pai.

Não tê-lo por perto a deixou muito magoada. Com o tempo e a maturidade, ela está entendendo melhor essa relação e se curando também.

O importante é percebermos a repetição de um padrão, ou melhor, a HERANÇA EMOCIONAL que, quando não olhada, tende a se repetir.

FERIDA NÃO CURADA, O CORPO SE MANIFESTA

Em 2009, minha melhor amiga, Franly, havia passado por um câncer e a acompanhei em uma viagem com o Padre Fábio de Melo para Portugal e Espanha, com o objetivo de pedir à Nossa Senhora de Fátima que a curasse. Mal sabia que, ao voltar e fazer meus exames de rotina, estaria com câncer de mama.

Quando fui realizar meu exame de rotina de mamografia, o médico pediu também um ultrassom de mama porque tinha visto algo diferente, pequeno mas estranho, e me aconselhou a procurar um mastologista.

O mastologista fez uma pulsão e disse que, se tivesse algo no exame, ele me ligaria. Passada uma semana, meu telefone tocou e ele pediu que eu fosse acompanhada ao consultório. Apesar de saber do resultado, achava impossível, pois sempre fui saudável, praticava esportes, era alegre (diferente de feliz).

Entrei no consultório e ele, secamente, disse que eu estava com câncer. Na hora, meu chão se abriu, chorei por um tempo. Depois, pensei nas minhas filhas e como seria a vida delas sem a mãe. A minha única pergunta ao médico foi quanto tempo de vida eu tinha.

ELIANA PIGATTO

Com a ajuda da minha amiga, que é minha irmã de alma e coração, a Franly, consegui me tratar no ICESP, um hospital do SUS em São Paulo, referência na América Latina. Lembro-me de ser atendida pela Dra. Ana, a qual me explicou que o tumor era pequeno, bem embaixo do braço, mas eu precisaria fazer quimio vermelha (aquela que cai cabelo) e operar.

Como sempre fui muito prática (afinal, me virei sozinha), dividi o tratamento em etapas e, cada etapa que eu passava, ficava mais livre de tudo aquilo. Em setembro do mesmo ano, fiz a mastectomia, retirada total da mama.

Um grande amigo, o Pezão, me levava para São Paulo toda vez que eu precisava. Ele morava no prédio onde minha mãe residia. Lembro-me perfeitamente do dia que minha cirurgia estava marcada e minhas filhas, minha mãe e minha tia Marly me acompanharam até o carro para ir a São Paulo e eu as olhei como se fosse a última vez. Eu me senti muito só.

Cheguei ao hospital e me lembro do quanto fui conversando com a minha criança interior do que passaríamos nas próximas horas, ela tinha pânico de hospital. Lembro que minha mãe foi sozinha para o hospital no meu nascimento e, com certeza, sentiu um medo gigante. Eu estava sentindo esse mesmo medo.

Antes de entrar no centro cirúrgico, me lembro de pegar o telefone e ter uma atitude que só me recordei quatro anos depois. Liguei para meu pai, que não nos falávamos há um bom tempo e disse que estava com câncer e que ele era culpado por eu passar por isso.

Imagine a reação do meu pai do outro lado da linha! Calado estava, calado ficou. Naquele momento, minha criança interior gritou para que meu pai a visse. Precisava culpar alguém para que justificasse uma doença tão desafiadora na minha vida.

100% VOCÊ

Entrei para o centro cirúrgico e me lembro de uma sala fria, pessoas mexendo nos instrumentos cirúrgicos, do Dr. Gustavo Arruda, médico que faria a cirurgia para colocar o expansor, e da Dra. Ana, que o acompanharia. As últimas palavras que lembro foram as deles se apresentando.

Quando acordei, ainda sob o efeito da anestesia, estava na sala de recuperação com um sentimento horrível de abandono, era como se minha criança sentisse pânico por estar ali sozinha. Minha mãe conta que, ao nascer, não fui para os braços dela em seguida. Talvez, a sensação que sentia naquele momento fosse a de me afastar de braços acolhedores.

Já no quarto e mais desperta, recordo-me de levantar o lençol que me cobria e me apalpar. Quando me vi mutilada na mama direita, um buraco enorme, sem uma parte de mim, chorei muito. Era como se estivesse me automutilando por não me sentir uma pessoa boa. Afinal, se meus pais não gostavam de mim, por quem eu seria amada?

Mas, em seguida, coloquei a máscara de feliz e disse às minhas amigas Franly, Beatriz, Angela e Nancy, que estavam me aguardando no quarto, "agora sou monoteta". Elas brincavam que parecia que eu tinha dado à luz de tanta gente cuidando de mim.

No fundo, minha vontade era de chorar e receber todo cuidado possível para acalmar aquela menina que ali estava a uns 140 km da sua família. Eu não havia percebido, mas começava uma nova fase na minha vida. Talvez, pela primeira vez, eu estivesse me deixando ser cuidada.

Minhas amigas faziam de tudo para me animar e, mesmo me sentindo totalmente vazia, eu estava sempre sorridente. Elas levavam cesta de café da manhã, me compraram um sutiã com bojo de silicone para não sair com aquela falta do seio na camiseta, foram e são incríveis na minha vida.

Por nove meses seguidos, eu ia ao hospital para encher o expansor que foi colocado e criar a pele para, posteriormente, substituir por uma prótese. Apesar de ter muitas pessoas a minha volta, tinha que entrar sozinha no centro cirúrgico, fazer curativo e, depois, a quimioterapia.

Eu me lembro de que entrei em uma sala onde havia várias pessoas já tomando a quimio. Algumas há dias; outras há horas. A que eu tomei durava por volta de 4 horas. O acesso era colocado na veia e injetavam, na bolsinha pendurada, os medicamentos. Quando entrava o líquido vermelho, era como se fosse uma bomba que implodia dentro do meu organismo.

Das dez sessões de quimio solicitadas pela médica, só fiz seis. Meu estado geral melhorou muito e meu metabolismo respondeu rápido, além das meditações, que me ajudaram muito. Na segunda para terceira quimio, meus cabelos começaram a dar sinais de queda e foi exatamente na época da novela da Carolina Dieckmann, em que ela raspava a cabeça, uma cena muito forte, que chocou o Brasil. Procurei um lugar para raspar meu cabelo, pois não queria passar pelo sofrimento de ver cada fio caindo.

Lembro-me de que, no dia, chorei muito, mas não deixei minhas filhas verem o processo. Ao final, coloquei um lenço na cabeça e saí como se nada tivesse acontecido. Enquanto voltávamos para casa, minha filha Victoria Elisa, com 15 anos naquele momento, perguntou:

— Mãe, o que você mais gostava em você?

Meio contrariada, respondi:

— Meu cabelo e meus peitos.

100% VOCÊ

Ela parou, me olhou e falou:

— Você percebeu que Deus permitiu que você perdesse tudo isso para enxergar que é muito mais que um cabelo e um peito?

NUNCA mais esqueci a fala de minha filha.

A GRANDE VIRADA

Depois de nove meses, retornei ao ICEPS para fazer a cirurgia da prótese. O resultado foi incrível, graças ao trabalho do Dr. Gustavo Arruda. Depois disso, foram mais dois anos tratando o câncer, até estar totalmente curada.

Passada a fase da doença, comecei a me dar conta de tudo que havia sentido e vivido. Foi só então que percebi o quanto tinha para perdoar a meu pai. Na verdade, carregava as mágoas da minha mãe e a dor dela, aquilo não era meu.

Decidi que falaria com ele tudo o que sentia. Mas, por três vezes, me faltou coragem. Resolvi que o melhor seria levar minhas filhas comigo, assim conseguiria resgatar aquela criança que estava magoada há tantos anos. E realmente foi ótima a ideia. A conversa fluiu melhor do que eu esperava e saí do encontro muito mais aliviada. Minhas filhas disseram que meu olhar era de uma criança cheia de amor pelo pai. Percebi que, naquele encontro, tinha voltado a ocupar meu lugar de filha na relação.

Quando voltei para casa, deixei claro para minha mãe que eu estava bem com meu pai e que aquela história pertencia a ela. Ela não gostou, mas não peguei mais nada dela para mim. A dor era e ainda é dela, e eu não posso fazer nada para mudar isso.

Já quis muito que meus pais se perdoassem, mas a decisão não pode ser minha e cabe a cada um deles fazer ou não esse movimento. Um dos maiores problemas que carregamos e não nos damos conta é estar no lugar errado em nosso sistema familiar, pegando dores que não são nossas.

Ora somos marido da nossa mãe, ora somos esposa do nosso pai, mas pouco ocupamos o lugar que nos é de direito, o de filhos. E não percebemos que repetimos isso com nossos maridos, e os homens com suas esposas. Quando colocamos tudo no seu devido lugar e assumimos o nosso, a vida começa a fluir de maneira poderosa e natural.

HERANÇA EMOCIONAL

A herança emocional é tão decisiva quanto intransigente e impositiva. Estamos enganados quando pensamos que a nossa história começou quando emitimos o nosso primeiro choro. Pensar dessa forma é um erro, porque assim como somos o fruto da união do óvulo e do esperma, também somos um produto dos desejos, fantasias, medos e toda uma constelação de emoções e percepções que se misturaram para dar origem a uma nova vida.

Atualmente, falamos muito sobre o conceito de história familiar. Quando uma pessoa nasce, ela começa a escrever uma história com suas ações. Se observarmos as histórias de cada membro de uma família, encontraremos semelhanças essenciais e objetivos comuns. Parece que cada indivíduo é um capítulo de uma história maior, que está sendo escrita ao longo de diferentes gerações.

Gabriel García Márquez diz que o mesmo medo é repetido por diferentes gerações até que se torne realidade e termine com toda uma linhagem. O que herdamos das gerações anteriores são os pesadelos, os traumas e as experiências mal resolvidas.

Esse processo de transmissão entre as gerações é algo inconsciente. Normalmente, são situações ocultas ou confusas que causam vergonha ou medo. Os descendentes de alguém que sofreu um trauma não tratado suportam o peso dessa falta de resolução. Eles sentem ou pressentem que existe algo estranho que gravita ao seu redor como um peso, mas que não conseguem definir o que é.

Por exemplo, uma avó que foi abusada sexualmente transmite os efeitos do seu trauma, mas não o seu conteúdo. Talvez até mesmo seus filhos, netos e bisnetos sintam certa intolerância em relação à sexualidade, uma desconfiança visceral das pessoas do sexo oposto ou uma sensação de desesperança que não conseguem explicar. Essa herança emocional também pode se manifestar como uma doença. O psicanalista francês Françoise Dolto disse: "O que é calado na primeira geração, a segunda carrega no corpo".

Assim como existe um inconsciente coletivo, também existe um inconsciente familiar. Nesse inconsciente, estão guardadas todas as experiências silenciadas, que estão escondidas porque são um tabu: suicídios, abortos, doenças mentais, homicídios, perdas, abusos etc. O trauma tende a se repetir na próxima geração, até encontrar uma maneira de tornar-se consciente e ser resolvido.

Esses desconfortos físicos ou emocionais que parecem não ter explicação podem ser uma chamada para que tomemos consciência desses segredos silenciados ou daquelas verdades escondidas que, provavelmente, não estão na nossa vida, mas na vida de algum dos nossos antepassados.

O CAMINHO PARA A COMPREENSÃO DA HERANÇA EMOCIONAL

É natural que, diante de experiências traumáticas, as pessoas reajam tentando esquecer. Talvez a lembrança seja muito dolorosa e acreditem que não serão capazes de suportá-la e transcendê-la. Ou, talvez, a situação comprometa a sua dignidade, como no caso de abuso sexual, em que, apesar de ser uma vítima, a pessoa se sente constrangida e envergonhada. Ou, simplesmente, querem evitar o julgamento dos outros. Por isso, o fato é enterrado e a melhor solução seja não falar sobre o assunto.

Este tipo de esquecimento é muito superficial. Na verdade, o tema não está esquecido, a lembrança é reprimida. Tudo que reprimimos se manifesta de outra forma. É mais seguro quando volta pela repetição. Isso significa que uma família que tenha vivenciado o suicídio de um dos seus membros, provavelmente, vai experimentá-lo de novo com outra pessoa de uma nova geração. Se a situação não foi abordada e resolvida, ficará flutuando como um fantasma que voltará a se manifestar mais cedo ou mais tarde.

Cada um de nós tem muito a aprender com seus antepassados. A herança que recebemos é muito mais ampla do que supomos. Às vezes, nossos antepassados nos fazem sofrer e não sabemos o porquê. Talvez, tenhamos nascido em uma família que passou por vicissitudes e não saibamos qual é o nosso papel nessa história, em que somos apenas um capítulo. É provável que esse papel nos tenha sido atribuído sem o nosso conhecimento: devemos perpetuar, repetir, salvar, negar ou encobrir as feridas desses eventos transformados em segredos.

100% VOCÊ

Todas as informações que pudermos coletar sobre os nossos antepassados serão o melhor legado que podemos ter. Saber de onde viemos, quem são essas pessoas que não conhecemos, mas que estão na raiz de quem somos, é um caminho fascinante que só nos trará benefícios. Isso nos ajudará a dar um passo importante para chegar a uma compreensão mais profunda de qual é o nosso verdadeiro papel no mundo.

AO ACOLHER MEUS PAIS, SENTI MEUS PÉS FIRMES NO CHÃO COMO RAÍZES QUE CRESCIAM, SENTI UMA FORÇA NOS MEUS BRAÇOS COMO A COPA DE UMA ÁRVORE FRONDOSA, SENTI NO CORAÇÃO RIOS DE ÁGUAS VIVAS COMO FRUTOS DE UMA GRANDE ÁRVORE E ENTENDI QUE, QUANDO ACOLHEMOS NOSSO PAI E NOSSA MÃE NO CORAÇÃO, PODEMOS SER QUEM A GENTE QUISER.

7

TOMAR OS PAIS NO CORAÇÃO

ELIANA PIGATTO

ENTENDENDO AS RELAÇÕES FAMILIARES

Ouvi muitas vezes que nossos maiores desafios estão dentro de casa. Hoje, eu entendo que, para aprender, é preciso que tenhamos mestres; e nossos pais, literalmente, foram nossos maiores mestres. Viemos com os pais certos para nos tornarmos quem precisamos ser.

A diferença é que somente o tempo, a maturidade emocional e o autoconhecimento podem acelerar e possibilitar essas curas. Muitos têm tempo durante a existência e outros não têm mais, o que importa é o entendimento, o acolhimento, o respeito e a honra com aqueles que nos deram a vida.

Somente quando eu busquei a verdade, pude libertar meus pais das dores que carreguei deles. Foi de extrema importância entender meu lugar de filha no sistema familiar para deixar cada um com o que é seu e assumir o que é meu.

Confesso que achava totalmente impossível PERDOAR MEU PAI E MINHA MÃE, mas a vida foi tão generosa comigo me levando para o autoconhecimento, me permitindo passar pelo câncer para avaliar a vida que não queria olhar e ser mãe para entender que fazemos além do que podemos para nossos filhos e amamos cada um deles como aprendemos sobre o amor.

Assim foi comigo, assim foi com meus pais. O que posso cobrar? Nada. Somente agradecer e honrá-los por tanto que fizeram por mim. Com certeza, muito mais do que receberam dos próprios pais.

Eu diria que a melhor experiência que pude viver até aqui foi fazer o caminho de volta para a minha infância, encontrar com a minha criança, amar meus pais genuinamente como ela amou, resgatar meus sonhos, minha potencialidade e minha identidade.

Eu me sinto muito amada por meus pais e os amo muito também. Eu não poderia ter escolhido pais melhores para eu ser a pessoa que sou hoje. Ao acolher meus pais, senti meus pés firmes no chão como raízes que cresciam, pude sentir uma força nos meus braços como a copa de uma árvore frondosa, senti no coração rios de águas vivas como frutos de uma grande árvore e entendi que, quando acolhemos nosso pai e nossa mãe no coração, podemos ser quem a gente quiser.

A IMPORTÂNCIA DO PAI EM NOSSAS VIDAS

A visão central da família se concentra na mãe, no pai e nos filhos, independente de quantos sejam. Enquanto o papel materno é bem estabelecido, o do pai permanece um alvo de apontamentos e até de má interpretação.

Para Bert Hellinger (2012), o pai significa uma passagem de liberdade para o mundo. Por meio dele, temos um convite em que novas possibilidades nos são mostradas e tocadas por nossa vontade. Enquanto a mãe nos alimenta e protege, o pai se encarrega de treinar para a convivência com a realidade externa.

Diariamente, passamos por lições em que a coragem é ensinada e motivada a ser uma constante em nossas vidas. O papel do pai, portanto, também se concentra em nos amadurecer para que tenhamos liberdade de fazer escolhas pessoais. Com isso, mesmo que sem perceber, nos tornamos pessoas melhores quando somos guiados pela existência dele.

Mesmo quando não nos damos bem, a figura paterna se

mostra presente e influente em nossas vidas. Se não há nada aparente a agradecer, agradeça por ele ter ajudado a lhe passar a vida. Esse é o melhor legado que poderá ter para construir sua trajetória pessoal.

Ainda para Bert Hellinger, o pai se complementa perfeitamente com a mãe para gerar algo novo e belo. Ainda que seus papéis possam se inverter e variar, um não existe sem o outro na concepção. Enquanto a mãe dá o alimento, o pai cuida da criança, embora precise mais da mãe no começo.

Quando a sua sobrevivência fica garantida, a criança será guiada pelo pai em direção ao mundo. A importância dele aos filhos acaba se condensando em um modelo de referência ao ser masculino. Enquanto o filho se espelha, a filha busca no parceiro a lembrança do pai.

E assim, buscamos pessoas que relembrem e se encaixem em alguns aspectos desse modelo. Isso porque é um modo de permanecer em contato com uma criação eficaz, confortável e inspiradora. Por outro lado, é uma oportunidade de rever as falhas de sua criação e tentar perdoar o pai.

ENSINAMENTOS SOBRE O PAPEL DO PAI

Na constelação familiar, o pai, assim como a mãe, assume um papel de professor, nos moldando para a vida. Mesmo que isso não seja conversado, dia após dia, ele nos dá exemplos das obrigações e vontades que possui com os filhos. Nisso, aprendemos com ele:

100% VOCÊ

1) **Autoridade:** a figura do pai se torna um centro de autoridade, regendo a ordem e ensinando a nos impor na vida. Entretanto, isso pode colocá-los em posição de incompreensão e julgamento por parte de algumas pessoas. Porém, a criação saudável nos ajuda a termos disciplina e segurança.

2) **Amadurecimento:** a figura do pai nos ajuda a crescer e nos construirmos socialmente, amadurecendo nossa postura. Para alguns, significa abandonar o papel lúdico do herói criado no coração dos filhos.

3) **Ajuda:** de modo mais generalizado, os pais ajudam a cuidar e prover os filhos nos mais variados aspectos. Com a ajuda deles, aprendemos a encontrar um limite, fazendo isso por nós até quando necessário. Quando aceitamos isso, a lição é mais acessível, ao contrário do que a vida faz conosco.

Para Hellinger, a importância do pai é tão fundamental quanto a da mãe de maneira equivalente. Embora possua tarefa específica, os dois são os pilares do desenvolvimento das crianças. O pai nos ajuda no mundo e a nossa mãe se mostra como o centro da nossa vida.

Porém, a mãe não pode sair do posto natural dela e assumir o lugar do pai, porque não consegue. Em suma, o pai representa o espírito, a vontade de fazer e se arriscar, é um amor diferente do materno. Com isso, acaba expandindo o que a mãe trouxe antes, ampliando os limites da função dela.

Mesmo que assuste, a liberdade dada por ele é importante aos filhos para que percebam o mundo e sejam mais completos. Nisso, quando a mãe afasta os filhos do pai, impede também que eles possam progredir. Assim, o movimento passa pela mãe, chega ao pai, se direciona aos filhos e, depois, ao mundo.

Quando fazemos a recusa do pai, acabamos deixando de lado também a autoridade aprendida com ele. Dessa forma, perdemos a aula de como nos impor no mundo, ficando à mercê das escolhas de terceiros. Sem contar que a idealização da figura dele se torna palco de conflitos quando o assunto vem à tona.

Para retornar ao poder dado pelo pai, é preciso entender o que o move pessoalmente, onde está o amor escondido. Em vez de apenas imaginar, é entregar o tamanho que lhe cabe. O pai merece um crédito, pois tem os próprios emaranhados e é preciso vê-lo como alguém comum.

Nisso, olhe também a si mesmo, qual caminho seguiu e como se reconectar com a família. Por vezes, nossos próprios pais foram colocados em determinadas posições porque foram influenciados de um modo que não poderiam fugir. Quando nos alinhamos com nossos pais, independente de quem foram, conseguimos dar vários passos adiante.

SEQUELAS

Quando negamos nossos pais, acabamos por colocá-los como seres insuficientes, sem saber qual o papel do pai. A mágoa ou qualquer sentimento envolvido acaba nos levando a um declínio, criando um peso que impede de caminhar.

Nisso, a criança, quando se torna adolescente ou adulta, vai sentir a lacuna do papel do pai e sentimentos como:

1) **Vazio:** a figura do pai não entregou algumas das mais importantes lições que precisávamos enquanto crescíamos na família. Como dito anteriormente, a autoridade e a segurança para vivermos nossas vidas serão aprendidas de ma-

neira dura. Retirar o pai do posto dele nos deixa presos e atados em determinado ponto do passado.

2) **Julgamento:** de maneira frequente, as pessoas julgam os pais, condenando suas ações dentro do seio familiar. Por conta disso, o fluxo familiar se mostra cada vez mais sensível quando afastamos o outro. Em vez de se esforçar para amar a si mesmo, investe parte do tempo revivendo uma dor antiga.

3) **Ingratidão:** lembre-se de que foi com a ajuda do pai que a vida que possui foi aceita e concretizada. Sim, cada contexto e situação são diferentes, sabemos disso e não queremos que se una a seu genitor de forma forçada. Porém, guardar para si mesmo a sensação de gratidão já ajuda a lidar melhor com outras questões.

A CARTA DE BERT HELLINGER

A importância do pai na constelação familiar ficou muito bem estabelecida quando o próprio Hellinger escreveu ao pai dele.

>Querido papai,
>
>>Por muito tempo, eu não soube o que me faltava mais intimamente.
>>
>>Por muito tempo, querido papai, você foi expulso de meu coração.
>>
>>Durante muito tempo, você foi um companheiro de caminho para quem eu não olhava, porque fixava meu olhar em algo maior, como me imaginava.
>>
>>De repente, você voltou a mim, como de muito longe,

porque minha mulher, Sophie, o invocou.
Ela viu você, e você me falou por meio dela.

Quando penso o quanto me coloquei muitas vezes acima de você, quanto medo também eu tinha de você, porque, muitas vezes, você me batia e me causava dores, e quão longe eu o expulsei de meu coração e tive de expulsá-lo, porque minha mãe se colocava entre nós; somente agora percebo como fiquei vazio e solitário, e como que separado da vida plena.

Porém, agora você voltou, como que de muito longe, para minha vida, de modo amoroso e com distanciamento, sem interferir em minha vida.

Agora começo a entender que foi por você que, dia a dia, nossa sobrevivência era assegurada sem que percebêssemos em nosso íntimo quanto amor você derramava sobre nós, sempre igual, sempre visando nosso bem-estar e, não obstante, como que excluído de nossos corações.

Agora me vêm lágrimas, querido papai.

Eu me inclino diante de sua grandeza e tomo você em meu coração.

Tanto tempo você esteve como que excluído do meu coração.

Tão vazio ele estava sem você.

Também agora você permanece amigavelmente a uma certa distância de mim, sem esperar de mim algo que tire algo de sua grandeza e dignidade.

Você permanece grande como meu pai, e tomo você e tudo que recebi de você, como seu filho querido.

Querido papai, Seu Toni (assim eu era chamado em casa) (BERT HELLINGER).

Sobre os pais que faleceram quando os filhos eram novos, tenha em mente que cumpriram o papel. Ajudou os pequenos a terem o seu primeiro sucesso na vida, sendo ela mesma extremamente importante. Nisso, eles ganham duas variantes do amor, o materno e paterno, para se completarem e crescerem internamente.

A IMPORTÂNCIA DA MÃE EM NOSSAS VIDAS

A mãe exerce papel fundamental em nossa história. E este é um dos motivos pelos quais esta relação representa 80% dos problemas que levam as pessoas a procurarem ajuda. Há muitas nuances, pois, sistemicamente, nunca olhamos para uma causa e um efeito. Mas é fato que o papel da mãe é de extrema importância para o fluir da vida em todas as instâncias.

A importância primordial do papel da mãe vem do fato de que foi ela quem gerou a vida que pulsa em você. Se respira agora, foi porque aquela mulher alimentou e sustentou você por alguns meses suficientes para chegar à vida. A vida veio por meio dela em toda sua grandeza.

Além disso, aquelas mães que puderam, sobreviveram ou seguiram por mais um tempo, certamente alimentaram e cuidaram de você em suas necessidades básicas. Algumas podem não ter conseguido dar continuidade nos cuidados posteriores, mas, ainda assim, o lugar delas é de honra e respeito.

A constelação familiar vê a mãe (e o pai) como pessoas. Não se trata de uma mãe ou pai ideais. Também não tem nada a ver com o que puderam dar ou o que retiraram. Tomar a mãe é concordar com um fato, reverenciar a vida que veio por meio dela.

E toma seus pais no coração e, na medida em que faz isso, tem a vida em sua plenitude. A partir desse simples ato, o sucesso profissional pode chegar, e os relacionamentos podem ser mais leves.

Para a constelação familiar, a compreensão do papel da mãe é filosófica. Nada retira a grandeza da vida. Muitas coisas desafiantes podem ter ocorrido desde o nascimento até sua chegada na vida adulta: questões e fatos que ficaram no meio da relação com sua mãe.

Por mais desafiante e doloroso que possa ter sido, a vida ainda é maior. É com ela pulsando que tudo é possível de ser ressignificado, reelaborado e reconstruído. Com esse olhar, a mãe é perfeita em sua função e nenhuma mãe é pior ou melhor que a outra. Todas transmitiram a vida, e a isso nada pode se acrescentar ou subtrair.

RELAÇÃO ENTRE MÃES E FILHAS OU FILHOS

A relação do papel da mãe e da filha costuma ser mais complexa. A mulher possui um papel mais desafiante, por isso ela se torna também tão especial e fundamental para o fluir da vida no mundo. A menina precisa fazer um movimento de retorno à mãe que os meninos não precisam.

Por volta dos sete anos, as crianças vão em direção ao pai internamente. Este movimento é importante para a psique das crianças. Lembrando que o movimento é interno, na alma ou inconsciente, não necessariamente uma atitude física, pois nem sempre isso é possível.

O pai tem papel importante de conexão com a criança no mundo externo, social e profissional. Ele a leva para ver o mundo. Mas a menina precisa retornar para a mãe após um tempo para seguir com o feminino fortalecido em suas raízes. O menino deve seguir com o pai.

Quando esse movimento não ocorre, ou seja, a menina prefere ficar com o papai e o menino se recusa a ir com o pai ou volta para a mãe, ambos podem ficar frágeis em suas relações afetivas posteriormente. Na constelação familiar, chamamos de filhinha do papai e filhinho da mamãe.

A filhinha do papai será aquela mulher que não achará um homem à altura do papai para se relacionar. Pode buscar o pai nos homens (ou pessoas parceiras) e, como uma criança, desejar ser cuidada e atendida em todas as suas necessidades. Poderá também apresentar muita rivalidade com a mãe. É uma falta de lugar na vida e pode ter uma insatisfação constante no trabalho e na profissão.

O filhinho da mamãe, por sua vez, poderá sempre se envolver e seduzir muitas mulheres e nunca conseguir se estabelecer em uma relação séria. Um Don Juan, por exemplo, seria um bom exemplo de filhinho da mamãe. Ele também pode buscar uma mãe na relação e ficar dependente emocionalmente da parceira ou do parceiro.

No caso dessas dinâmicas descritas acima, uma das leis sistêmicas está sendo desobedecida, a lei da ordem ou hierarquia. Segundo ela, precisamos ser pequenos diante de ambos os pais, respeitando a prioridade de chegada no sistema e reverenciando a vida que veio por meio deles.

Os filhinhos da mamãe e as filhinhas do papai geralmente estão grandes diante de um deles. Assim, não há leveza e pode ser que, em alguma área da vida, algo não vai bem. Os pais podem reforçar essas dinâmicas nos filhos quando são crianças ainda, por não possuírem muitas defesas. Os filhos ficam entre os pais com esta postura. Mas, ao se tornarem adultos, cabe a cada um voltar ao seu lugar.

PAPEL DA MÃE E JULGAMENTOS

Se você tem muitas críticas e julgamentos contra sua mãe, isso pode se voltar contra você, caso também opte pela maternidade. Se você também exerce o papel da mãe e os conflitos com sua filha são grandes, provavelmente há algo na relação com sua mãe que precisa ser revisto.

Talvez, queira ser uma mãe melhor e dar o que não teve. Parece uma intenção nobre e clara, possível de fazer diferente, mas não por ser melhor que a mãe, mas por ter mais recursos que ela mesma lhe propiciou. A geração anterior teve os próprios desafios e já traz um legado. Reconhecer isso não é justificativa para ações danosas, mas concordar com o passado para conseguir seguir mais livre.

PAPEL DA MÃE NAS RELAÇÕES AMOROSAS

Problemas de confiança nas relações amorosas também podem ter origem em dificuldades na relação com a mãe. Se, quando criança, sua mãe teve que se ausentar por algum motivo, como saúde, outra gravidez, ou mesmo morte, você pode ter registrado um pequeno trauma da separação e isso trazer consequências em suas relações afetivas e sociais. O caminho é o mesmo: tomá-la no coração com tudo que foi do jeito que foi para seguir sua vida mais livre.

As mães (ou pais) adotivos exercem um papel importantíssimo e, ao mesmo tempo, bem delicado. O êxito na adoção e na relação entre esta mãe e seus filhos vem de acolher no coração a origem da criança, independentemente de qualquer ocorrido.

MÃE NARCISISTA: UMA CATEGORIA OU RÓTULO?

Recentemente, ficou comum escutarmos o termo "mãe narcisista". O Transtorno de Personalidade Narcisista (TPN) é um transtorno de personalidade catalogado no Manual Diagnóstico e Estatístico de Transtornos Mentais – DSM-IV. O fato da mãe ter ganhado notoriedade para esse transtorno (provavelmente, não ouviu falar de pai narcisista) é devido à sua importância e influência na maneira como conduz a vida adulta.

A questão é: saber o diagnóstico da mãe ajuda a compreendê-la com amor ou reforça uma postura de vítima em você? Claro que a postura da mãe (assim como a postura do pai) provoca efeitos, e alguns bem desafiantes. Mas sendo um transtorno, trata-se de um processo mental no qual talvez não houvesse escolha consciente.

Não se trata apenas de um comportamento errado, mas de ser a única maneira que aquela mulher sabia se comportar. Talvez, houve motivos pregressos, lealdades inconscientes, ou mesmo questões biológicas e/ou genéticas. O fato é que, se o diagnóstico dela não pode ser alterado, a sua postura diante dele pode. Talvez não seja fácil sem ajuda profissional para reconstruir e ressignificar, mas é possível se fizer uma escolha de seguir olhando para o futuro.

COMO SUPERAR AS DORES CAUSADAS PELAS MÃES

Costumo dizer que precisamos separar as instâncias. Dentro da mulher mora uma mãe e a relação que precisamos acertar é com esta. Afinal, a mulher traz sua bagagem que já existia antes de você. Suas dores e feridas estão todas lá.

Ela deu à luz em algum momento e, nesse ínterim, você tem a vida por meio dessa mãe, e isso deve ser colocado em primeiro plano. Não precisa ficar em um ambiente de aversão com a tal mãe narcisista, por exemplo, em que residam dores e mágoas. Pode se afastar, se possível, mas no coração a mãe precisa ir com você. A mulher pode até ficar para trás, mas a mãe que o(a) gerou e alimentou precisa ser honrada.

O que ocorre é que as culpas são carregadas. Se você acusa a mãe no coração, age contra a lei da ordem e pode causar processos de autossabotagem, como expiação. As pessoas se vingam inconscientemente da mãe sendo infelizes, assim podem justificar seu fracasso e continuar acusando a mãe. Não traz bons efeitos para ninguém e quem mais perde é você mesma.

O PASSADO NÃO DEFINE VOCÊ

O passado não precisa definir quem você é. Você pode tirar a força que precisa de todos os desafios que vivenciou ou olhar para o que lhe faltou no processo. Se você acreditou que precisava carregar as dores da mãe por amor a ela ou mesmo por essas dores terem sido depositadas em você, está na hora de devolver a quem são de direito. Reconhecer que, diante da mãe, você é pequeno, e que não pode carregar nada por ela. Esse é um movimento que é feito no coração, sem acusações, apenas concordância do que foi para seguir livre.

Na Reprogramação Emocional ou no Método ID, dependendo do tamanho do dano ou dor causada, o processo aco-

SUA MÃE REPRESENTA O SEU LADO DIREITO, E SEU PAI, O LADO ESQUERDO. ELES NOS ACOMPANHAM EM TUDO O QUE FAZEMOS, CARREGAMOS 100% EM NÓS DO NOSSO PAI E 100% EM NÓS DA NOSSA MÃE.

lherá suas dores e ajudará você a ressignificar, trazendo luz às questões envolvidas e liberará o que o aprisiona.

A IMPORTÂNCIA DE TOMAR NOSSOS PAIS NO CORAÇÃO

Em nosso corpo, a nossa mãe segue vivendo com nosso pai. Ela não morre em nós. E seguirá viva em nossos descendentes. A mãe representa o seu lado direito, e seu pai, o lado esquerdo. Eles nos acompanham em tudo o que fazemos, carregamos 100% em nós de nosso pai e 100 % em nós de nossa mãe.

Quem está conectado com a mãe, ou seja, quem tomou a mãe no coração, independente se ela foi perfeita ou não, já está conectado com o SUCESSO. A pessoa conecta-se com a mãe e se sente completa, tem pouco a exigir e muito a dar.

Alegra-se com o que recebe e serve a outros com alegria. Um passo fundamental se você busca o sucesso é revisar a relação com a sua mãe.

- **Pai** = profissional
- **Mãe** = sucesso (a mãe nutre e cuida)

Quem acolhe a mãe, acolhe o dinheiro. Tomamos a vida como um todo na medida em que tomamos nossa mãe. Do mesmo modo que alguém está com a mãe, também está com a vida e a profissão. Quando alguém rejeita a mãe, rejeita também a vida, o trabalho e a profissão.

Tomar a mãe é conectar-se com o êxito e o dinheiro; tomar o pai nos abre a força para realização profissional; tomar ambos de uma vez permite que o êxito profissional flua em nossa vida. E esse sucesso está ligado à prosperidade econômica. Tomar os pais como são.

A maneira como eu me relaciono com a vida é um reflexo da maneira como me relaciono com meus pais. Da mesma maneira que eu experimento a hierarquia da minha família, assim experimento no meu trabalho. Sempre estou onde me coloco. Quando a ordem em relação ao sistema de origem se instala e é respeitada, o fluxo natural do desenvolvimento se mostra. Isso significa que o sucesso pode chegar. Todo sucesso!

Toda criança, por amor profundo aos pais, está pronta a sacrificar tudo para ajudá-los. Quando acusamos nossos pais, não conseguimos seguir a vida, pois, de alguma maneira, estamos ligados a eles mesmo que pareça que não temos pais.

O "não" que você diz aos seus pais é o "não" a você, pois eles vivem e são a sua composição biológica. Então, essas crianças se sentem vazias, carentes e fracas. Vale aqui lembrar que falo das crianças que vivem dentro de cada um de nós, não importa sua idade hoje. Segundo Hellinger (2012): "Tudo que rejeitamos, apodera-se de nós. Tudo que respeitamos, deixa-nos livres".

Que possamos tomar nossos pais, aquilo que estes puderam nos dar, do jeito que veio, sem nenhuma exigência adicional, pois o que eles deram já foi o suficiente e permitiu que a vida chegasse até nós.

PAIS SEPARADOS

A separação dos pais não representa o fim da família e sim a mudança dessa dinâmica. Quem se separa é o casal, o homem e a mulher, o pai e a mãe continuam nos seus devidos papéis. O vínculo pais e filhos continua e não termina nunca mais.

Esse é um momento que pode ser de crescimento, uma vez que os pais se coloquem de forma madura na separação e mantenham o amor pela família. Jamais excluir o pai ou a mãe. Se um dos dois é excluído, esse filho vai começar com as compensações que acontecem de modo inconsciente.

O melhor para os filhos é cultivar o amor e admiração pelos pais. Para isso, diga:

— **EU ESCOLHI O MELHOR PAI PARA VOCÊ, MEU (MINHA) FILHO(A)!**

— **EU ESCOLHI A MELHOR MÃE PARA VOCÊ, MEU (MINHA) FILHO(A)!**

Se um dos cônjuges acredita que fez a escolha errada e jamais deveria ter vivido aquele relacionamento, está também dizendo que o filho foi uma escolha indevida. É dessa maneira que chega na criança: "Sou um erro", "Não sou bem-vindo(a)".

Quanto mais consciência os pais tiverem do que afeta a criança e quanto mais cultivarem o amor pela família, mais podem experimentar um crescimento durante o processo. Somente assim é possível liberar os filhos dos emaranhamentos do casal.

Se o filho se perceber em posição de ter que escolher um dos lados, é provável que passe a ocupar um lugar no sistema familiar que não é o dele. Como já falamos, essa é uma situação extremamente negativa para realização e expansão na vida.

Bert Hellinger (2012), em *A simetria oculta do amor*, explica:

> Se a separação é dolorosa, há sempre a tendência a procurar alguém para incriminar. Os envolvidos tentam aliviar

o peso do destino arranjando um bode expiatório. Em regra, o casamento não se desfaz porque um parceiro é culpado e o outro, inocente, mas porque um deles está assoberbado por problemas da família de origem ou ambos caminham em direções opostas.

Se se incrimina um parceiro, cria-se a ilusão de que algo diferente poderia ter sido feito ou de que um comportamento novo resgataria o casamento. Nesse caso, a gravidade e a profundidade da situação são ignoradas, os parceiros começam a recriminar-se e a acusar-se mutuamente. A solução para combater a ilusão e a crítica destrutiva é resignar-se à forte dor provocada pelo fim do relacionamento.

Essa dor não dura muito, mas é lancinante. Se os parceiros se dispuserem a sofrer, poderão tratar do que merece ser tratado e dispor das coisas que precisam ser dispostas com lucidez, ponderação e respeito mútuo. Numa separação, a raiva e a censura em geral substituem o sofrimento e a tristeza.

Os pais devem se alinhar ao amor inicial que experimentaram pelo parceiro e vê-lo no filho a partir desse amor. Portanto, decida amar a mãe de seu filho. Decida amar o pai de seu filho.

NOS DIAS DE HOJE, CADA VEZ MAIS, ACENTUA-SE A NECESSIDADE DE SER FORTE. MAS NÃO HÁ UMA FÓRMULA MÁGICA QUE NOS FAÇA CHEGAR À FORÇA SEM QUE ANTES TENHAMOS PROVADO A FRAQUEZA.
(PADRE FÁBIO DE MELO)

8

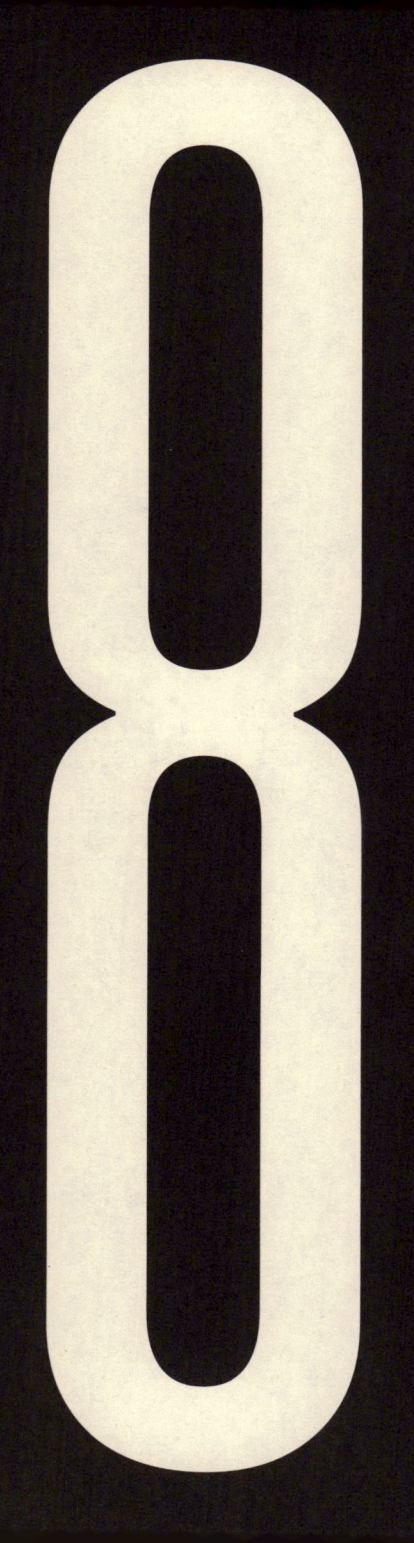

QUEM É A ELIANA HOJE?

ELIANA PIGATTO

Eliana é filha, é mãe de quatro filhos: Victor Hugo, Victoria Elisa, Maria Fernanda e Maria Eduarda. É empresária, terapeuta e mentora. Hoje, feliz e realizada. Tenho orgulho de mim!

Em 2012, em pleno tratamento contra o câncer, resolvi viver a minha verdade. Fiz minha pós-graduação em Psicologia Transpessoal e, a partir dali, decidi ajudar homens e mulheres a não adoecerem emocional e fisicamente. Com essa meta em mente, no ano de 2014, abri meu espaço: Instituto Eliana Pigatto. Lá, atendia pessoas com uma gama de tratamentos, como cama de cristal, cone hindu, acupuntura, atendimentos psicológicos, assim como arrumava perucas para aquelas que estavam carequinhas em decorrência do tratamento contra o câncer. Por meio do instituto, participei de vários projetos para arrecadar cabelos e doar para o Hospital do Câncer de Barretos.

Em 2019 eu havia passado por uma depressão e busquei ajuda. Fiz o Método IP com Pablo Marçal e descobri as dores que trazia da minha mãe e que me impediam de avançar na profissão. Lancei minha mentoria, chamada Reprogramação Emocional, e hoje estou na turma 51.

Mais isso tudo não seria possível sem a ajuda da Bruna, da **@essenciadamulher.oficial**, que me levou até Rodrigo Fonseca **@rodrigofonseca**, presidente da SBIE, com quem fiz minha formação de inteligência emocional. De lá pra cá, criei novos produtos on-line e presenciais com o objetivo de ajudar pessoas a se libertarem de suas dores emocionais.

Uma vez, dentro desse mundo digital, acabei doando meu espaço para que as parceiras do instituto continuassem fazendo seus atendimentos e eu permaneço até hoje nas duas frentes: on-line e presencial. Algumas pessoas me perguntaram na época o motivo de eu ter fechado o Instituto; na realidade, não fechei, doei com tudo dentro para quem quisesse tocar, pois meu foco era outro, precisava atingir o mundo com minhas mentorias.

Foi nesse ponto de minha vida que entendi, pela fala de uma aluna, todo o movimento que eu fizera. Ela me disse o seguinte: "Você, agora, não precisa mais estar no instituto para cuidar de pessoas doentes, você está aqui para ajudar pessoas a não adoecerem".

Minha cabeça fez "PUTZZZZ, era isso!!!". Nossa dor é nosso propósito. Tudo o que eu passei não deveria ser em vão, tinha um propósito.

Hoje, tenho várias mentorias, mas a principal é a Reprogramação Emocional, que trabalha em nove sessões as dores emocionais e suas ressignificações. No Método ID, que é presencial, a pessoa ressignifica a relação com os pais, a história de vida, desbloqueia as maiores muralhas emocionais e vive o renascimento de maneira leve e amorosa, acolhendo a criança com a vida que quer viver.

Sou grata por tudo o que passei e entendi os propósitos de Deus em minha vida. Hoje, sirvo a Ele, jogando as redes para buscar almas para o REINO DE DEUS. Não me reconectei apenas com meus pais, mas também com a vida e o motivo de eu estar viva. Aprendi que não é o que aconteceu com você, mas o que você vai fazer com o que te aconteceu.

QUANDO UMA MULHER DECIDE CURAR-SE, ELA SE TRANSFORMA EM UMA OBRA DE AMOR E COMPAIXÃO, JÁ QUE NÃO SE TORNA SAUDÁVEL SOMENTE A SI PRÓPRIA, MAS TAMBÉM A TODA A SUA LINHAGEM.
(BERT HELLINGER)

CONCLUSÃO

As interpretações que fazemos desde o ventre de nossa mãe determinam nossa vida até que possamos trazer luz para nosso inconsciente e fazer diferente. Da mesma maneira, tudo o que vivemos até os nossos sete anos de idade determina quem seremos enquanto adultos. Consequentemente, sem que sejamos capazes de perceber, vivemos no meio que provocamos, ou seja, quando estamos no modo inconsciente, criamos as mesmas situações, com a nossa atual família, que vivemos com nossos pais.

Esse ciclo só se rompe quando UM BUSCADOR, mesmo não sendo o mais forte, mas sim o mais preparado daquele sistema, é convidado para começar a desatar os nós que carrega em seu sistema familiar, fazendo diferente a partir dali.

Não se trata somente de nós, se trata de todos nós.

Se chegou até aqui, querido leitor, acredito que possa ser esse BUSCADOR ou BUSCADORA que trará luz onde há escuridão e, a partir de você, virá uma geração mais saudável e livre.

Todos ainda temos muito a percorrer, e comigo não é diferente. Existem muitas crianças dentro de mim, ainda terei várias coisas para soltar, ressignificar e transcender, mas o bom é que eu já sei que este caminho é o melhor a se percorrer.

Meu convite é para você, BUSCADOR ou BUSCADORA: decida e escolha percorrer o caminho do amor, da verdade e do perdão. Por meio de você, e por você, gerações serão libertas.

Seja feliz!

Com amor,

Eliana Pigatto (@elianapigatto)

AGRADECIMENTOS

Agradecer Àquele que tudo rege e governa na minha vida, Deus! Por nunca ter desistido de mim e pelo direcionamento que, mesmo sem entender, Ele sempre me mostrou.

Quero agradecer a todos aqueles que vieram antes de mim, abrindo caminhos para que hoje eu esteja aqui.

Agradeço a meus pais, José Lopes e Nelly Pigatto, pela vida que me deram e o que fizeram enquanto puderam. Ao meu irmão Newton, por tudo o que vivemos.

Agradeço a minha avó materna, Renata Elisa, pelos grandes ensinamentos que tive; à minha tia Nega, por tanto amor e cuidado; à minha tia Marly, por ter ajudado na criação das minhas filhas.

Agradeço à minha criança interior, que sempre buscou a sua verdade.

Agradeço às minhas filhas, Victoria Elisa e Maria Eduarda, e ao meu anjo que mora no céu, que me escolheram para ser a primeira escola e uma das Mestres de vida.

Agradeço ao Joel Jota, por ter me enxergado no meio da multidão e ter feito sair o livro do meu coração e das minhas entranhas.

Agradeço a cada Mestre que, ao longo desta vida, compartilharam ensinamentos e sabedoria, me impulsionando além das dores emocionais.

Agradeço às minhas alunas e aos meus alunos da Reprogramação Emocional e do Método ID, que me permitiram ser alguém muito melhor quando eu os conduzia em cada vivência.

Gratidão por tudo e por tanto,

Eliana Pigatto (@elianapigatto)

REFERÊNCIAS

CHAPMAN, Gary. *As cinco linguagens do amor: como expressar um compromisso de amor a seu cônjuge*. 3ª ed. São Paulo: Mundo Cristão, 2013.

FONSECA, Rodrigo. *Inteligência emocional para pais*. São Paulo: SBIE, 2019.

HELLINGER, Bert. *A simetria oculta do amor*. São Paulo: Cultrix, 2012.

STAHL, Stefanie. *Acolhendo sua criança interior: uma abordagem inovadora para curar as feridas da infância*. 1ª ed. Rio de Janeiro: Sextante, 2022.